世界を「仕事場」にするための40の基本

松浦弥太郎

朝日文庫

本書は二〇一三年三月、小社より刊行された『松浦弥太郎のハロー、ボンジュール、ニーハオ』を改題し、加筆・修正したものです。

世界を「仕事場」にするための40の基本

目次

PROLOGUE

PART 1 HELLO

「ハロー」の章

アメリカに学ぶ、人間関係の基本的原則

PART 2 BONJOUR

「ボンジュール」の章

フランス流、エレガントな生き方を身につける

PART 3 你好

「ニーハオ」の章

人として守るべき道を、客家の教えから学ぶ

EPILOGUE

世界でリーダーシップを発揮できる人間になるために……192

環境からのプレッシャーを乗り越えるのも即答力の一つ……200

世界を「仕事場」にするための40の基本

PROLOGUE

「英語」「フランス語」「中国語」の三カ国語を習得する

自分の「測りなおし」

世界は情報化、グローバル化の時代に突入しています。人、モノ、マネーが自由に国境を越えて行き来し、世界が一体化している時代にあり、日本人である僕たちにも、国際的な視野をもつことが求められています。

世界のどこにいても、精神的にも経済的にも自立し、自分らしく仕事ができ、それがすべて社会への貢献につながる――業種にもよりますが、ある意味、そんな新しいライフスタイルを築くことが、ますます大切になってきていると思います。

いま、働いている会社で、自分の経験値や、もっているスキルが通用しているとしても、いざ会社の外に一歩出たときに、それが果たして同じように通用するだろうかと、ときおり考えます。厳しい見方になりますが、自分を含め、現状からすると、そうしたケースは少なく、おそらく多くの人にとって、自分が「井の中の蛙」であることに、なんらかの場面で気づかされることも増えていると思います。

「でも、自分のことではない」「周囲の人たちとうまくやっていけるだけの協調性があるし、いまの会社にいる限りは大丈夫」と反論する方もいるかもしれません。けれども、あなたが本当にそう信じているとしたら、それは少し甘い考え方であるかもしれません。もしくは古い考え方であるかもしれません。

というのも、「世界基準」を求めるグローバル化の波は日本だけでなく、世界中に押し寄せているからです。

こうしたいま、自分の仕事力が世界に通用するように、「測りなおし」をする必要があるのではないかと僕は思います。自分という、社会の小さな歯車、または社会の道具が、これからも本当に通用するのか。必要とされるのか。会社や社会の役に立てるのか。そう自問せざるを得ないのです。これまでの日本的な仕事のやり方が通用しなくなっているのは明白だからです。

確かに、一つのプロジェクトをチームで進行させていく場合には、チームのメンバーと協力し合うことが求められます。こうした際には、ぶつかり合わないという「協調性」が重要です。しかし、それぞれが自分の立場に応じて純粋なアイディアを出し合い、必要があれば、客観的かつ論理的に議論をぶつけ合うというようなプロセスがあってこそ、より心のこもった完成度の高いアイディアの集積となって、結果的にプロジェクトの成功へとつながっていくと思います。

そこでは、ぶつかり合って勝負できるだけの、専門性の高い知識や技量（スキル）、コミュニケーション能力がそれぞれに求められます。戦略的にものごとを考える思考力がこれまで以上に必要不可欠になるのです。

ここで僕は、メンバーという言葉を用いました。でも正確にはメンバーではなく、プレイヤーと呼ぶべきかもしれません。一人ひとりが、チームを構成するプレイヤーとしての自覚をもって、自分のポジションとしての仕事を責任をもってこなす――。これは、会社との関係においてもいえることです。

POINT

- 自分のスキルを世界に通用させるために、能力の「測りなおし」をしてみよう。
- 「メンバー」としてではなく、「プレイヤー」として働く意思をもつ。

危機的状況にこそ、チャンスがある

僕たちを取り巻くビジネス環境は、驚くほどの速さで、変化し続けています。それに応じて、自分の仕事のクオリティを高める努力と、そのための情報収集を、常日頃から積み重ねることが必要です。決してかんたんなことではありませんが、そうでなければ、この複雑化する社会で生き抜いていくだけのスキルを獲得することはできないでしょう。

僕が伝えたいのは、現状に甘んじていては、非常にもったいないということと、気がついてからでは遅いということです。ここで自分にはそれだけの能力はないから、とあきらめてしまう必要はありません。思いたった日からはじめる。小さなことでもいいからはじめる。それが何よりも大切なことです。

また、身近なことにばかり目を向けていると、いつまでたっても狭い範囲にとどまっているばかりです。世界というもっと広い範囲でものごとを見て、そこにいる自分をイメージすることも大切です。

僕がフェイスブックをやっていたときには、アクセスしてきた人のほぼ半数が、海外の人たちでした。中国語に翻訳された僕の本の影響もあったかと思います。アジアの都市の人たちが多くアクセスしてくれました。とりわけ、台湾・台北市の人たちが僕の書いたものを読んでくれていました。ちなみに、台湾に次いで多かったのは、北京に暮らす人たちです。

海外の人たちは、すでに国境をあまり意識することなく、フェイスブックをほぼ完全に自分の暮らしに取り入れているという印象を受けます。そして、自分たちの興味のある人やものごとについて、フェイスブックを通じて必要な知識を得て、そこから積極的に何かを学び取ろうとしている——そんなふうに僕は感じています。

でも、日本におけるフェイスブックの使われ方などを見てみると、世界に目を向けるといままで気がつかずにいたグローバル感覚や、さまざまなクオリティを発見できるという意識が希薄であるように感じられます。少なくとも、いまこそ共有すべき「危機意識」が欠落しているのではないかと思います。

かつて、一九六〇年代にアメリカのケネディ大統領が語った名言にもあるように、「危機」とは、二つの漢字から成り立っています。一つは「危険」、もう一つは「機会」です。つまり、不景気という危機的状況にあるからこそ、そうではない状況のときにやれないことができる、いまこそ大きなチャンスがあると思っています。そのための一歩は何かを考えているのです。

グローバルな視点から、現在、日本を含めた世界で活躍する大きなチャンスがあると気づいたなら、それこそ、さまざまな国の人たちとも肩を並べていくだけの、自分らしさや考え方、学ぶ習慣などをしっかり身につけておく努力が、何よりも大切な準備です。これはある意味、「新しいベーシック」だと思います。

もちろん、その前段階で、英語力をもっていることは基本条件です。できるだけ日々、英語に接することが必要です。それは実際に英語圏の人と話す機会を、自分で意識的につくるということでもあります。

また、海外の人と英文メールでやりとりをする際には、簡潔に用件を伝える文章力、論理的思考力が必要です。これは英語習得以前に備えておくべきスキルです。この文章力と論理的思考力については、「ボンジュール」の章で述べていきます。

いずれにしても、母国語である日本語はもちろんのこと、英語の習得はこれからの時代には避けられないことであり、少なくとも英語だけは、「話す・聞く・書く・読む」の全般にわたって、習得しておくことが大事です。

まずは現状に対して、疑問を呈すること、そして、危機意識を共有することからはじめましょう。

POINT

- ビジネス環境が大きく変わりつつあるいま、「思いたった日からはじめる」行動力が何よりも大切。
- さまざまな国の人たちと肩を並べられる、自分らしさや考え方、学ぶ習慣などを身につけることが、大切な「新しいベーシック」。

積極的に海外の人たちとつきあう

海外に数多くの知人がいて、彼らと接する機会をよくもちます。彼らの多くは、ニューヨークやサンフランシスコ、パリ、上海や台湾などに暮らしていて、彼らが僕に会いに日本に来ることもあれば、僕が彼らに会うために出かけることもあります。

僕と友人たちとのコミュニケーションでは、やはり英語が中心になります。とはいっても、中国の友人は本当に向学心が旺盛で、常に勉強を欠かしません。教養ゆたかで、語学に堪能であり、英語はもちろん、日本語、フランス語――と、四カ国語くらいを話します。

そしてアメリカやフランスの友人たちの多くも、母国語以外に、数カ国語を習得していて、通常のコミュニケーションで自由に使いこなしています。

そんな彼ら――とくにパリや上海、台湾の友人たちに接するたびに思うのは、英語ではなく、ぜひ彼らの母国語を使って、深い会話のやりとりをしたいということです。

これからの時代は、実質世界共通語となっている英語だけではなく、ヨーロッパ、アジアの国々の言語をそれぞれ、少なくとも一つずつマスターしておくことが、大きな強みになるでしょう。

英語をベースにして、さらに、フランス語と、中国語の習得に挑戦し、それを会話はもちろん、読み書きができるまでに上達させることは、今後、私たち日本人にとって、非常に重要なことになるのではないでしょうか。

たとえば、ヨーロッパに行った際、英語が通用しない場面に遭遇し、フランス語が必要になることもあります。もちろん、イタリアやスペインに行けば、イタリア語やスペイン語で話す必要性に迫られることだってあるでしょう。とはいえ、イタリア北部とスペイン北部、またスイス辺りを旅すると、フランス語で意思疎通のできる人に必ず出会うものです。

かつての「ヨーロッパ圏」における貴族階級に属する人間は、当然のようにフランス語を話しました。やはり、歴史的にもヨーロッパでフランス語を話すことは、大きな意味をもっているのだと思います。

パリに行ったときに、そのことを痛感するのですが、フランス人と、コミュニケーションを本気でとろうと思ったら、彼らの母国語であるフランス語で話さないと、絶対に無理だと感じることが少なくありません。

ビジネスの場面では英語だけで渡り合えますが、親しくなるとフランス人は決まって、自宅でのディナーに招待してくれます。家族も一緒に、知的で文化的な会話をたのしみながら三時間にもおよぶディナーをともにするため、フランス語をいま以上に駆使できたらと思うこともしばしばです。

それに、論理性を好むフランス人との会話は、よく議論に発展します。そうした彼らと互角に議論をぶつけ合えたら——と、フランス家庭料理のごちそうをいただきながら、僕は思うのです。

もちろん、フランスで暮らし、仕事をしていこうと考えるのなら、フランス語を話すことが読み書きとともに必要不可欠であるのはいうまでもありません。そうでないと心からフランス人には受け入れられない。常に「エトランジェ（よそ者、étranger）」として扱われる——そんな雰囲気があります。

また急成長を遂げ、世界で重要視されつつあるアジアも重要です。とくに僕は中国語圏を意識し、いま、標準的な北京語を学んでいます。先述したように、僕自身に中国人の友人が多く、中国語のニーズが高いという理由から、また、中国の歴史や哲学、深い美意識に心惹かれているからでしょうか。

中国人の友人の多くは日本語が堪能ですが、お互いのやりとりには英語を用いています。とはいえ、やはり中国語による、密度の濃いコミュニケーションをとるのが僕の目標でもあります。後述しますが、フランス語と同様、週一回の個人レッスンを継続中です。

「英語」「フランス語」「中国語」の三カ国語を習得すること。同時に三カ国のすぐれているところ、智恵や教養、いいところも学び、いまの時代ならではの「国際人」として生きてゆきたい。そうすれば、これから、世界のどこに行っても仕事をし、生きていける。また、これらの言語圏の文化、歴史を学ぶことは、働くこと、暮らすことにおいて非常に重要な意味があると考えています。要するに、どんな場面に遭遇しても負けないということです。

POINT

- 海外の人と交流するときは、相手の母国語でコミュニケーションできるように心がける。
- 「英語」「フランス語」「中国語」の三カ国語を習得すれば、世界のどこに行っても仕事をし、生きていけるだろう。

世界基準の感覚をもって出発地点に立つ

独自のスタイルをもつことが強みになる

世界の人たちと深くコミュニケーションをとって仕事をし、生活していくことを考えた場合、大切なのは、「僕たち日本人のよさとは、いったいどんなものなんだろうか」と考え、さらにそれを自分のライフスタイルのなかで自覚してみる。ついでにそのプロセスを学びとしてたのしんでしまうことです。

それには自分のアイデンティティがどこにあるのかを自問自答してみることも必要です。そして日本人としてのアイデンティティを築くための方法にはどんなものがあるかを考えてみるのです。

それを踏まえたうえで、英語の習得を通じて、アメリカ人のよさを学んでいく。あるいは、フランス語を習得するのであれば、それと同時にフランス人のよさを学んでいく。そこではじめて、グローバルな感覚をもって出発地点に立てるのではないかと、僕は考えているのです。

言語の習得というのは、単に単語や構文を暗記して、情報を頭から頭へと伝えるのを目的とするのではありません。その言語文化の背景にあるものを学び、会話の相手と、距離感を測りながら、自分の望んでいるような関係を築く。キャッチボールをするように、あるいはチェスをたのしむように議論をぶつけ合う——その経験を通じて、視野を広げ、人間としての器をより大きなものにしていく。それが学びであり、何かの習得であると僕は考えています。

たとえば、僕の知人に長年、サンフランシスコのベイ・エリアに住んでいるアメリカ中西部出身のアメリカ人がいるとします。もしも僕がその彼に、自分のアイデンティティがどこにあると考えるかと訊ねたとしたら、きっと彼は次のように応じるでしょう。

「応えるには、さまざまな軸がある。たとえば、生まれ育った地域、出身大学やビジネススクール、職歴、住む街など。もちろん、自分はまずアメリカ人として考えている。そして個人的には、自分の両親が住んだ地域、自分が通った学校にも影響されている。そういう意味ではポジティブに、ルーツに影響されている。それからやはり長年、サンフランシスコに住んでいるため、その地域性にも影響されている」と――。

十八歳のころ、日本を離れて僕が向かった先、サンフランシスコは、国内外からの移民の多い街です。カリフォルニア州全体でいえば、州民の約三〇パーセントを、海外出身者が占めています。

当時の僕は、そのことをあまり意識して考えたことはありませんでしたが、サンフランシスコでは僕自身も含め、生来、自分にまとわりつくルーツに縛られず自由に暮らしている人間が多いと感じたものです。そして、その流動的ともいえる環境においてこそ、自分のアイデンティティを新たに築く機会がありました。

つまり、ここで僕がいいたいのは、アメリカ人に限らず、海外の人々の多くが、自分のアイデンティティがどこにあるのかをはっきり見きわめ、自分のスタイルをしっかりもっているということです。

彼らは子どものころから、家庭や学校、コミュニティで、常に自己決定を求められて成長します。それは周囲の大人からの指示待ちの多い、日本の教育とはまったく異なるものです。

イギリスでは早くから、国語の授業に議論する訓練を採り入れています。またフランスでは、とくに個性を重視し、学校で自分の書いた作文や自由研究を題材にして、互いに討論し合うことによって、幼いころから徹底した論理性を身につけていきます。

そうした彼らとともに、社会、文化のなかで生きていこうとする時点で、すでにアイデンティティを確立し独自のスタイルをもっていなければ、ただ環境に流され、自己を見失うことになる。そこで生き抜くことはできないのです。

また、日本国内で、そのような人々と日常的に接し、互角に渡り合うには、彼らの社会的、文化的思想に至るまでの知識をよく理解しておく必要があります。

そうしたことは、若いころに渡米した僕自身の経験から学んだ教訓ともいえます。既存の日本の社会にどうしてもなじめなかった僕は、さまざまな経験や本を通じて、アメリカの自由な精神に心惹かれ、日本をあとにします。そしてまず、サンフランシスコの地を踏んだというわけです。

十代後半から二十代前半にかけての時期は、誰もが心のどこかで「自分探し」をするものです。そのために、先進的な思想や知識に熱中したり、世界各地を旅してみたりするのでしょう。

僕の場合は、その対象がアメリカでした。多少の予備知識はあったものの、実際にアメリカの社会や精神文化にふれ、さまざまな人々と出会い、そこから多くの、生きていくための智恵や知識を、それこそスポンジが水を吸いこむように、貪欲に吸収したように思います。

自分なりの人生哲学や理念をもたず、何ももたないまっさらな状態でアメリカの文化に接し、自分自身のスタイルをもつアメリカ人たちとコミュニケーションをとってみて、とてもかっこいいと憧れました。そして状況に流された結果、僕は（現地で）アメリカ人の何もかもをまねしたアメリカ人もどきになったのです。いま、当時のことを振り返ってみたとき、それはそれでよい経験の積み重ねになったと考えてはいます。

他方、教訓となったのは、常に自分らしさが求められる状況のなかで、やはり自分を律する明確な指針となるもの、すなわち日本人らしさを、自分の内にしっかりもつのが、大きな強みになるということでした。そうでなければ、アメリカでの自分が一時期そうであったように、その国の社会、文化、人々に影響されて自己を見失うだけだからです。

POINT

● 自分のアイデンティティがどこにあるのかを自問自答し、それを築くための方法にはどんなものがあるかを考えよう。

● 自分を律する明確な指針となるものを、自分の内にしっかりもつのが、大きな強みになる。

行き先を知らぬ者に追い風は吹かない

いまの時代、すでに自分たちが海外へと出かけていくだけではなく、逆に海外から、多くの人々が日本にやってきています。日本国内における企業のあり方も、欧米のスタイルを採用する流れのなかで、突然、自分の会社の直属の上司が、あるいはトップが、日本人から欧米人やアジア人に交代することですら、いつあってもおかしくないのです。

しかし、だからといって、そのことをネガティブにとらえる必要はありません。すべての人がそうだとは一概にはいえませんが、基本的に積極的であり、タフでエネルギッシュな欧米人、日本人以外のアジア人に接することで、最初こそ戸惑い、押されて、混乱するかもしれませんが、自分の成長につながる経験として、異質の文化、価値観をもつ彼らから学ぶことは多いと思います。

困難な状況に陥ったときに、人ははじめて、そこから何かを学ぶものです。大切なのは、そこでしっぽを巻いて逃げずに、しっかりと向き合い、懸命に考えること。チャレンジし、その場で体験し、学べばいいのです。

人目を気にしないで、その状況に自ら飛びこむことで、うまくいかず、恥をさらすことになったとしても、それはかえって、よい経験となって人間としての幅をその人にもたらします。ときとして、目の前の困難な状況そのものが、どういう自分になりたいのかという明確な自分像、そこに向かう意欲を引き出すのだと思います。また、それがプロフェッショナルへの道にもつながるのではないでしょうか。

二〇一三年における僕の目標は、すでに出版されたもので英語の本をつくることです。これまでに書き綴った自分のエッセイを、自分で英文に訳してみる。どこまで英文として完成させることができるのか。そして、どこまでそれが世界の人たちに通用し、それを媒介としたコミュニケーションが可能になるのかを試してみたいと考えています。まずは、電子版でのチャレンジです。

現在は、出版せずとも、フェイスブックやブログなどを通じて、自分の書いたエッセイや短編小説などを発信することは、環境さえ整っていれば、誰にでも可能なことだと思います。またそのことによって、なんらかの収穫もあるでしょう。

いま、人々の意識は広く世界へと向かっています。そしてその行く先に、成功するチャンスが数多くあるともいえるでしょう。ローマの哲人、セネカの言葉が教えてくれるように、「行き先を知らぬ者に追い風は吹かない」のです。

本当の意味でのグローバル社会になりつつあるなかで、世界とのコミュニケーションをより積極的にとることが求められています。

POINT

- 困難な状況に陥ったときに、人ははじめて、そこから何かを学ぶ。大切なのは、そこでしっぽを巻いて逃げずに、しっかりと向き合い、懸命に考えること。
- 人目を気にせずに未知の世界に飛びこむことは、人間としての幅をその人にもたらす。

多彩かつ応用力の高いスキルを身につけるために

実践論としての、よきスタンダードに学ぶ

現在に至るまで、英語という言語を通じて、僕が継続して学んでいるのは、建国以来の、アメリカの人々のなかに息づく開拓者精神、伝統的価値観などについてです。とくにアメリカ人のもっている、よきスタンダード（道徳基準）については、これからも深く掘り下げて学んでいきたいと考えています。

海外の人たちと接したとき、僕たち日本人以上に、彼らの多くが日本の美意識（美を解する心の作用）や文化思想に精通していることに、正直、驚かされることもしばしばです。

自分自身を知らない人間は、他人を理解することも難しく、その場にふさわしい言動をとることもできません。あらためて日本人特有の美的感覚、美意識とはどういうものなのかを学び、それらの文化思想が自分のなかにどの程度、息づいているかを、深く掘り下げてみるのも重要だと僕は思っています。

外国の人たちとの、心と心の交流、そこにはさまざまな出会いと発見があります。そのときもっとも大切なのが、自分が日本人であるという、確かなアイデンティティ。そこから、日本に対する真の認識も芽生えてくるのだと思っているのです。

そこで以下に、日本の伝統的価値観、日本人の美徳とはどういうものなのか――僕の考える十項目をあげることにします。

一、武士道

慈愛をもって人のために、社会全体のために生きるという哲学。武士道の精神を学ぶことは、現代の日本人に失われたともいえる道徳を学ぶことにつながります。

二、徳を積む

無償の愛や奉仕する心。また人として生活していくうえで基本となる考え方であり、行動のこと。老子の教えであるタオイズムにおいては、徳とは、万物自然を生み出す根本的な実在である「道（タオ）」を養う作用をいいます。孔子の説いた儒教においても、徳は重要な概念であり、人間の道徳性から発展して、中国における統治原理とされるようになりました。

三、「侘寂《わびさび》」の精神
豪華絢爛の対極にあるもので、本来、バランス感覚にすぐれた日本人独特のもの。

四、義理と人情
人間関係のなかで、筋を通すこと。お世話になった人への恩義を忘れず、礼と義をもって返すこと。思いやりや慈しみの精神をいいます。

五、粋
一つは色気。そして、想像力ゆたかな心遣い。

六、知足

少しのもので満足すること。すでにあるもので満足し、それに感謝する気持ち。もともとは、タオイズムの考え方からきています。何事も身の程をわきまえることが肝要だという教えです。

七、謙遜する気持ち

どんなに日々の努力を積み重ねたとしても、自分のことを評価する人間が誰もいない状況下におかれることも、ときにはあるもの。しかしそのことに憤りを表出するのではなく、常に控えめに、すなおに振る舞う心がけが、成功したときの自らの振る舞いにも出るものです。

八、無常

僕たち日本人がそこに美を感じ、理解し得るもの。『徒然草』にも書き綴られたように、無常のかなしみは逃れがたいもの。それは部屋の片隅に生けた花々を眺めやっているときなどに感じることができます。日々、枯れていく花々――それは絶望を内包しないかなしみと表現できることでしょう。

九、改善する気持ち

現在も変わらない日本人独特のもの。何事も現状をよしとせず、さらによくしていこうとする、日本人特有の前向きな気持ちです。

十、志

どんなことでも志をもつということ。それは自分の本心からの目標のため、そして、他者や社会全体への貢献のためでもあると思います。

この十項目のなかには、古代中国の哲学の影響を受け、また、ギリシャ哲学などにおいて、常に議論の対象となった概念もあります。しかしそうはいうものの、日本という国の自然、四季の移り変わりなどに影響される、精神的土壌のなかで独自の発展を遂げ、日本人のメンタリティを形成あるいは醸成してきたという意味で、それらを日本人独特の価値観、美徳といってよいのではないかと思います。

このなかで共感できるものが一つでもあれば、それを自分の指針として大切にしてみてはいかがでしょうか。

大切なのは、いま一度日本人としてのアイデンティティを実感するということ。

海外の文化を十分に学び、日本の文化思想に誇りをもつことであると僕は考えます。

僕たち日本人の美徳は何か。その答えを知っていることが大切なのです。

POINT

- 外国の人たちとの交流を通して、自分が日本人であるという、確かなアイデンティティをもつことが大切。
- 海外の人々と交流することではじめて、日本人としてのアイデンティティを自覚する。

PART 1 HELLO

「ハロー」の章

アメリカに学ぶ、
人間関係の基本的原則

チャレンジ精神をもった人を応援する、アメリカの土壌

アメリカのお父さんとの出会い

二十代のはじめごろ、僕はニューヨークに生活拠点をおいていました。すでに十八歳のときには、自分らしさ、自分本来の生き方を模索して渡米し、そもそも自由とは何か、そして一人の日本人として、いかに社会との接点をもっていくか——その理念と実践のコツについて、アメリカという国を通じて、体得したように考えています。

いま、振り返ってみれば、それは呼吸するように、ごく自然に身につけたものでもあります。けれどもある人物との幸運な出会いによるところが、非常に大きかったともいえます。すでに八十歳を少し超えたそのS氏とは、いまも交流があり、僕にとってはいつまでたっても変わることのない、アメリカにおける父親のような存在です。

S氏に引き合わせてくれたのが、彼の一人息子であり、ニューヨークではじめて僕の友人になった、ペンシルヴァニア州出身の男性でした。彼は僕より四歳年上のユダヤ系アメリカ人。現在MoMA（ニューヨーク近代美術館、The Museum of Modern Art）のデザイン部門のディレクターを務めています。

知り合った当時、僕の友人はフリーランスで、その後MoMAに入社するのですが、最初は美術館内のギフトショップのバイヤーでした。

彼が住んでいるのは、マンハッタンの東三十八丁目にある高級マンションの、ペントハウスでした。エレベーターのボタンに「PH」と書いてあるのを見て、ペントハウスを本当にそのように表記するのだなと思ったのを覚えています。

その友人は、まったく知り合いのいないニューヨークで右往左往していた僕に自分の部屋を提供し、週末になるとペンシルヴァニア州にある自分の実家に連れていってくれました。電車で一時間ちょっとかけて、小さな旅にでも出かける気分で、よくペンシルヴァニアまで遊びに行ったものです。あの当時、本当に親身になって僕を助けてくれた友人には、いまでも感謝しています。

そして、彼の父親であるS氏が、またすばらしい人物だったのです。ホワイトハウスをイメージさせるような大邸宅に、夫婦二人で住んでいたS氏は、マンハッタンで不動産業を営んでいて、すでに大きな成功をおさめた人でした。

そして、週末ごとにペンシルヴァニアの自分の家に、息子と一緒に顔を出す僕のことを歓待し——おそらく息子がもう一人、増えたような気持ちからだと思いますが——とても気に入ってくれたのでした。

S氏はアメリカにおける、僕の父親代わりを自ら引き受け、いろいろと僕のことを気づかってくれました。そして僕は、彼から、アメリカの生活スタイルや考え方など、たくさんのことを教わってきました。

その後、僕はアッパーウエストサイドでアパートの部屋を借りるのですが、その際にも、保証人を買って出て、一時的にお金を預けてくれるなど、このうえなく親切でした。他人にそこまで親切にしてもらうということを、日本ですら経験したことがなく、どうして他人である僕に、ここまで親身になれるのかな、とも思ったものです。

そのころ、僕はアメリカで見つけた、自分の好きな古書やアンティークなど、知識なども含め、さまざまなものを、日本の人たちに伝えたいと願っていました。また、日本の人たちの求めるものに、一〇〇パーセントではなく、一二〇パーセントの熱意と行動で応えたいと考えていたのです。

僕にとっては、それが古書や、アンティークのセレクトの仕事でも、コーディネートの仕事でもなんでもよかった——ただ僕にできることで、人に役立つことをしたいと、常々思っていたのです。そしてそのことをS氏にいつも語っていました。

「自分がどういう職業につくかではなく、とにかく日本の人たちが必要としている、アメリカ文化のすばらしさを、僕は伝えたいと思っている。いまの僕にはそれしかないし、ほかには何もできない。だから僕のできることをしたいと考えているのです」と僕は彼に話しました。

するとS氏、つまり僕のアメリカのお父さんは、

「そんなにきみが熱意をもってやろうとしているのなら、私がきみを応援しよう」といってくれたのでした。

それまで、ニューヨークは都会であり、心情的にも冷たい街だというイメージを、僕は勝手に抱いていたのですが、アメリカのお父さんを含め、ニューヨークの人たちは、何かを懸命にやろうとしている、意欲のある人間に対しては、積極的にサポートするということを後々、知ることになりました。

POINT

- アメリカには意欲ある人間を積極的に支援する土壌がある。
- 何かを一所懸命にやろうとする人を積極的にサポートする大切さを学ぶ。

デール・カーネギーの理念にふれて

ニューヨークや、パリ、ロンドンは、多くの移民の暮らす街です。そこでは、「何かをやろう」という志をもった人間を、非常に強く「リスペクト」する意識があるように思います。それはまったくのゼロからはじめている、意欲のある人が多いからだと思います。

当時、二十歳ぐらいの僕に、「こんな若いやつが何を夢みたいなことを口にしているんだ」などと思うような人間には、ニューヨークでまず遭遇しませんでした。こちらの話に真剣に耳を傾けてくれて、「それだったら、この人を紹介するよ」「あそこに行ってみたらどうかな、あの人に手伝ってもらうといい」などと、僕の立場を推し測った適切な気づかいと、サポートを与える姿勢を見せるといったように、とても面倒見がいいのです。

僕のアメリカのお父さんとはいまも交流がありますが、当時、彼は僕と会うたびに、一つひとつ、さまざまなことを教えてくれました。そして僕は、彼から本当にたくさんのことを学んだと思います。

彼には、事あるごとに仕事の報告をしました。たとえば、こういうものを見つけて、日本の人に紹介したら、とてもよろこばれ、大量の注文を受けた、そんな話をすると、アメリカのお父さんは、僕の話を最後までじっくり聞いたうえで、「それではこんなふうにしたらどうかな」と、その都度、僕のためになるアドバイスをしてくれました。あとから考えてみれば、アメリカの社会で「成功する」とはどういうことなのかを、直接的あるいは間接的に、僕に教えてくれていたのです。

彼はデール・カーネギーのメンバーシップに入っていて、それこそ何十年もカーネギーのセミナーに出席し、ときには自分が話し手として、講演をしていました。カーネギーといえば、『人を動かす（How to Win Friends and Influence People）』という世界的にベストセラーになった本があります。そしてある日、彼は「今日の自分の成功のベースにあるのは、カーネギーの理念だ」と、僕に教えてくれたのです。ある意味では、アメリカらしい成功哲学ともいえる、デール・カーネギーの理念が、非常にベーシックなものとして自分のなかにあって、そのことが、いまの成功につながっているのだと、彼は僕に語りました。

さらに、おそらく同書の翻訳版が日本でも出版されているはずだから、機会があれば見つけて、読んでみてはどうかとすすめてくれました。

そこで後日、僕は『人を動かす』を探し求め、読んでみることにしました。そして、そこに書かれてあるカーネギーの、深い人間洞察に裏づけられた理念に大きな衝撃を受けると同時に、その根底に流れる、普遍的な思想であるヒューマニズムに感動を覚えました。

そこには、一人の自立した人間として社会生活を営むうえでの、人間関係の原則が書かれてありました。

人を動かす原則、人に好かれる原則、人を説得する原則について述べられていて、たとえば、家族を幸せにする方法や、手紙の書き方に至るまで言及されていました。

成功とは必ずしもお金もうけのことをいうのでない――アメリカのお父さんが僕にいわんとしていたことが、心に染み渡るのを感じました。

あの当時、アメリカのお父さんとの、英語によるやりとりのなかで、自分が彼のいっていたことをどれだけ理解していたかはわかりません。でも、『人を動かす』を読んだあとに、これまでに彼が僕に話してくれたことの大部分が、そのままカーネギーの理念につながっていたのだと気づきました。

そのころのメモや手紙などの走り書きが紛失されずに、いまも少しだけ、僕の手元に残っています。それらの内容から、過去の記憶の糸をたぐり寄せて、アメリカのお父さんとのやりとりを思い起こしたとき、「チャレンジ精神のある人間に対して、とにかく支援するのがアメリカ人だよ」といっていた彼のセリフがまず、僕の頭に浮かんできました。

「アメリカ人にとって、意欲のある人間、チャレンジしたい人間を支援するのは当然のことだよ。だから、きみにやる気があって、チャレンジしたいのなら、私たちアメリカ人は惜しみないサポートをする。その代わり、自分と同じように、チャレンジ精神をもった人物に出会ったときには、今度はきみがその人をサポートする番だよ」と彼は僕にいったのでした。

さらに彼は、

「ここアメリカでもっとも尊敬されるのは、たくさんの失敗をしている人なんだ。でも常に忘れてはならないのは、この国が弱肉強食だってことだよ。真剣に何かに挑もうとしている人間をリスペクトはするけれど、そこから先は、実力がすべてだ。だから、目標すべてを数値化して、徹底して具体的にすることが大事なんだよ」とつけ加えたのです。

実力主義の国——。この話を聞いたとき、アメリカ人の考え方は、本当にすごいな、と僕は感じました。

多くの失敗をした人は、それだけチャレンジをした人でもあり、お金も名誉も、何もなくても尊敬に値する。とはいえ、チャレンジは賭けとは違う。思いついたときから緻密な計画を立て、冷静な判断力と理念をもって、徹底的に挑戦しなければ、目標は達成できず、何も成し遂げられない。

そのような全力をあげての努力が、成功へと導くのであって、その自助努力に対して、アメリカの人たちは敬意を払うのだと、僕はそのときに学びました。

POINT

- 「成功」とは必ずしも金もうけではない。
- 多くの「失敗」をした人は、それだけ「チャレンジ」した人であり、尊敬に値する。

気配りと感謝することを忘れないのが、成功のパターン

寄付文化の根ざした社会

僕がニューヨークで暮らしていたのは、二十歳から二十二歳まで——そのあとは、東京との、行ったり来たりを繰り返していました。でも僕のアメリカのお父さんには、必ず年に一度は会いに行っていました。そのお父さんも、いまでは八十歳を超えましたが、毎年、クリスマスカードを欠かさず、僕あてに送ってきてくれます。

また、僕の娘に対しても、中学に入学した際にはカードを送り、直接、メールのやりとりをするなど、常にあたたかい気配りを忘れない人です。

その彼に、僕がはじめて出会ったのは、彼が五十代半ばごろのことです。そこで最近、

僕が彼あての手紙にしたためたのが、「五十歳になったときに、あなたは何を考えましたか?」という質問でした。

しばらくして海の向こうから届けられた彼からの手紙には、「五十歳になったときに、決めたことが一つある。それは私が生きているあいだに、どれだけ世界のために、人のために役立つことができるのかを、これから考えることなんだよ」とありました。

それから三十年とちょっと。「最近のいちばんの幸せは何ですか?」と、僕が彼に訊ねたところ、「自分のもっている資産を、息子に残す分を除いてすべて寄付すること。つまり、どれだけ社会に寄付することができるかなんだ」と彼は応えてきました。

アメリカには、成功した人が寄付をして、社会に貢献する文化が深く浸透しています。実際、どれだけたくさんの寄付をしたかで、地位が上がる社会でもあり、逆にそうしないと、地位が上がらないともいえます。たくさんの寄付をすることで、自分の地位を上げるという意欲も当然ながらあるとは思います。しかしそうはいっても、実際に自分の資産を手放して社会に還元するのは、かんたんなことではないと想像します。

そういう意味でも、アメリカ人はやはりすごいなぁと僕は思うのです。僕のアメリカのお父さんは、マンハッタンにたくさんの資産を所有していますが、すでに成功をおさめたいま、それらの資産のほぼすべてを手放して、残り少ない人生をペンシルヴァニアの豪邸で、自分の妻と二人で静かに暮らそうとしているわけです。
僕自身は、何かを寄付できるような立場にはまったくありませんが、それでも、ある年齢に達したときには、やはり自分のもっているものを寄付する人になりたいと思っています。

もし僕が「夢は何ですか?」と訊ねられたら、純粋な気持ちから、いろんな困っている人たち、なかなか恵まれない人たちに自分の働いた分を寄付するために働きたい、と応えるでしょう。そしてそれはおそらく、アメリカのお父さんの影響を受けていますが、そのようにあることが、「自分自身にとって幸せであるから」だと考えています。

POINT

- 五十歳になったら、どれだけ人の役に立てるか考えよう。
- 寄付をすること、社会に還元すること。それがいちばんの幸せ。

感謝の達人からの、言葉の贈りもの

アメリカのお父さんから僕が教わったことは、本当に数えきれないほどたくさんあります。そのなかでも、とくに印象的だったことの一つに、「感謝の達人になりなさい」という言葉があります。

それは感謝上手になることであり、「ありがとう」という気持ちの上手な伝え方をマスターすることでもあります。誰かに何かをしてもらったら、必ずプレゼントを贈るというのも、その一つです。実際、彼は僕を含めた他人に対して、いつもありがとうの意思表示を忘れない、感謝の達人でした。

たとえば、僕が会いに行くと、彼はいつだって僕のために何かしらのプレゼントを用意してくれていました。そして彼は、「このあいだは、本当にたのしかったよ。どうもありがとう」といって、僕にあらかじめ用意してあったプレゼントをさりげなく手渡すのです。もちろんそれは、受け取った相手が負担に思うようなものではなく、ミニ・ブーケやチョコレートのような、本当に小さな贈りものです。

そして「これはきみに。そしてこれは、きみの友だちに」といって、同じようなものを二つ手渡すなど、僕の周囲にいる人間にまで気をまわしてくれるところも、なかなかまねできるものではないと思います。

さらに、家族のいる人には、その人の奥さんや子どものためにも別に用意してある、といった具合なのです。

おそらくこれは、僕のアメリカのお父さんに限らず、ビジネスで成功をおさめた人に共通していえることだと思います。「ニーハオ」の章で取り上げる客家の「長老」もまた、とても贈りもの上手な人です。タイミングを見計らい、絶妙なバランス感覚で人に接する――国籍を問わない、成功のパターンといえるのでしょう。

もちろん、それが言葉の贈りもののときもありました。たとえば、アメリカのお父さんは僕にこんなふうにいったものでした。

「このあいだはどうもありがとう。きみのおかげで、とてもたのしい時間を過ごすことができたよ。だから今日は、人にはあまり話さないことだけれど、きみがいい仕事をするのに役立つ話を一つ、私からプレゼントするよ」

そして続けて、

「たくさんの人に話をするときには、自分がいちばん偉くなったつもりで話をすることだよ。そして、自分が聞く立場になったら、まったく何も知らない人間になったつもりで聞きなさい」

自分がいちばん無知な人間になったつもりで、人に教えを請う――。

それは、いってみれば、ニューヨークのマンハッタンでビジネスを成功させた人の、典型ともいえる成功哲学なのかもしれません。けれども当時、ビジネスのことを何一つわかっていなかった僕は、その話を聞いて感動し、すてきなプレゼントだと思ったのでした。

アメリカでは、自分が相手をしっかり見ていて、関心をもっているということを、積極的に伝えることがとても大切です。

そのためには、感謝の達人になると同時に、あいさつ上手にもなりなさい、とも教わりました。

あいさつがしっかりできなければ、誰にも相手にされない。だから、「ハロー」といったあとに、相手がもっともよろこぶようなあいさつを心がけるのが、とても大切なのです。

それは、なんだっていいのです。たとえば、すてきな鞄をおもちですね、そのヘアスタイルがとてもお似合いですね——など、自然な笑顔を添えて、自分が相手に好感を抱いたことについて口にしてみる。

それが会話の糸口になって、スムーズにコミュニケーションができることも少なくありません。これはアメリカ人に対してのみならず、日本人同士であっても、同じことです。

アメリカのお父さんからの言葉の贈りものについては、ほかにもいろいろあります。たとえば、自分と一緒に仕事をしている人間のいいところを見つけて、とにかくほめること。それから気配りをすること。

「もっと人のいうことをよく聞いて、観察し、感じて、気配りをしなさい」と彼は僕に事あるごとにアドバイスをしてくれたものです。

彼はマンハッタンの不動産を扱っていて、お客である買い手に対して、常に気配りをもって接していたようです。そしてそれを、ある物件を買ってもらうところから、売却後に至るまで徹底するのだというのです。

つまり、「売ってからがビジネスのはじまりだ」という持論を、彼はとても大事にしていたのです。

物件を買ってもらうまで、ていねいに接し、ときには買ってもらえそうなお客にプレゼントを贈ったり、食事に招待したりする。そこまでは誰もがやっていること。でも、彼が同業者と異なるのは、物件売却後、お金を払ってもらってから、お客との本当の関係がはじまると考えていることでした。

受け取ったお金は、売却したあとの、お客とのコミュニケーションも含まれた報酬であって、だからこそ、売っておしまいではなく、さらにそのお客とコミュニケーションをとって関係性を深め、自分とお客とのあいだに信頼関係を築く努力をする。そのことによって、さらに人脈が広がり、潜在的顧客が増えていくということなのです。

このことは、『松浦弥太郎の仕事術』（朝日新聞出版）のなかでも述べていますが、一人の人間の後ろに、何十人もの人がいるのを意識すること。それがアメリカのお父さんの、成功の秘訣の一つであったのです。

「私が成功できたのは、きっとそういうことがあるからかな」と彼が僕にいったことがあります。つまり、彼を信頼しているお客の多くが、自分の知り合いが不動産を探していると聞くと、「じゃあ、この人に相談するのがいいよ」と、次から次に紹介してくれたということでした。

そうやってお客が広がっていった結果、まさに弱肉強食のマンハッタンの不動産業界において、彼はほんの一握りの成功者の一人となったのでした。

それまでの僕は、商売とは売ってしまえば、それでおしまい――と考えていたふしがありました。けれどもアメリカのお父さんからそうではない、売ってからが、本当のお客と自分とのつきあいなのだという考え方を聞いて、思わずはっとしました。そして、「目には見えない部分が大事だ」というそのビジネス感覚をすばらしいと感じたのです。

確かに日本人の気配りには、繊細なものが感じられますが、アメリカ人の気配りも相当なものです。とにかくよく人のことを見ています。よくものごとを観察していて、他人のことを気にかける。そして、「大丈夫かい?」とよく訊ねてきます。

アメリカのお父さんがよく口にしていたのが、「プロフェッショナルの意識をもって仕事をしなさい」というセリフです。プロフェッショナルの意識をもつことの一つが、先述した、気配りをし、とことん人に尽くす、よろこばせることなのだと僕は思うのです。そのためには、常日頃から人やものごとをよく観察し、経験を積み重ねて、想像力を働かせる。相手が何を求めているのか、想像力が働かなければ、他人への気配りはできませんから。そして気配りのないところに、ビジネスの成功はない――これはアメリカのお父さんから教えられたことです。

もう一つ、ここでつけ加えておきたいのが、僕がアメリカのお父さんに、どうしてここまでビジネスで成功をしたのかを訊ねたときの話です。その僕の問いかけに対し、彼は冗談交じりに「私の扱う不動産はすべて、陽あたりがいいから」と応えたのでした。それもまた、彼流の理念と気配りの一つだったのかもしれません。

POINT

- 「ありがとう」という気持ちをうまく伝える方法を身につけよう。
- 真のプロフェッショナルとは、気配りをし、とことん人に尽くすということである。

斬新なアイディアを追求し続ける開拓者精神が、結果を生む

考えていることを語るのは、誠実な行為

僕がニューヨークで、本当に学んでよかったと思うことの一つに「いうべきことはいう」があります。

アメリカでは、それは常に前向きな議論だという認識があります。自分が提案する立場にあるとき、逆に、自分以外の人が提案する場合でも、いま、自分の考えていることをしっかり語って、前向きな議論を戦わせることが大切なのです。

というのは、自分の頭で考えたことを、そのまま自分のなかだけにとどめておくのではなく、周囲の人と議論を戦わせることで、さらにそこからもう一歩、踏みこんで考えることができるからです。

その結果、最初に自分が仮のものとして出した結論よりも、より確かで、正しい結論が導き出せるというのはよくあることです。それは逆に、誰かほかの人が提案した意見に対しても同じことがいえるでしょう。

だから、それが公の場であっても、私の場であっても、いうべき自分の考えを語るのは、人間同士のコミュニケーションの基本であり、その場にいる証しであり、誠実な行為であると僕は考えているのです。

このことは、日本では、前向きに受け取られない傾向があって、どうしても文句をつけているような印象を、周囲の人たちに与えることがあるかもしれません。とくに自分の意見に反論されると、つい身構えて、否定から入ってしまうとか、人によっては、まるでケンカを売られているような気持ちになることさえあるかもしれません。

それは場の雰囲気に大きく左右されます。したがって、誰もが自由に意見をいい合い、議論を戦わせることが自然だと思わせるような場をつくることが必要です。

もし、そうした場にいないのであれば、本当は会社のためになるようなことを提言したくても、何もいえずに終わってしまい、いつまでたっても問題解決がなされない、ということはよく耳にすることです。

僕のアメリカのお父さんの場合、その場にいあわせるみんなが自由に発言できるような、リラックスした場の雰囲気づくりがとてもうまく、その彼のやり方に、僕は大いに学びました。

彼は話のきっかけをつくるために、いあわせた全員が必ず「そんなことはあり得ない」と口を揃えて反論するようなことを、わざといってみせるのです。

わざわざ自分が低レベルなふりをしたり、少しピントがずれたことをいってみたりして、周囲の反応をうかがいながら、雰囲気をなごませていき、話の糸口を探ります。そして意識的に、みんなから「いや、それはこうだよ」「いいえ、それは誤解している」などという反対意見を引き出そうとするのです。

彼は相手に合わせて会話を運ぶセンスにすぐれていて、それを交渉の場でいつも発揮している印象を受けました。決して最初から切れ味のいい言葉を投げかけたりはせず、相手の目線に合わせて話すことを心がけているため、「この人と話すと、自分は負けるな」などという不必要な警戒心を相手に抱かせないところは、さすがだと感じたものです。

POINT

- 「いうべきことはいう」。これが前向きな議論の基本。
- その場にいる人の反応や意見を尊重しながら、イニシアティブをとることが大事。

絶えざる挑戦がリーダーシップを育成する

二十代の僕は、とにかく知らないことだらけでした。どのようにしたら社会に役立つ自分になれるのか、そのために必要なことは何なのか。いつもそのことばかり考えていました。

それらについて、人生の早い段階で、僕に教えてくれたのが、アメリカのお父さんでした。あるとき、僕は彼から「リーダーシップを身につけなさい」といわれました。そして、その秘訣は、決して人と同じことをしないことだとも。

そのとき、「リーダーシップを身につけるには、どうしたらいいのですか?」と僕は彼に訊ねたのです。すると彼は、「それはとてもかんたんなことで、常に行動し、チャレンジし続けるだけだよ」と応えたのでした。

つまり、アメリカのお父さんは、誰よりも行動し、チャレンジし続けてさえいれば、みんながついてくるのだといったのです。それには、常に自分のなかにいくつものアイディアをもっている必要もあります。とにかくアイディアをどんどん出して、周囲の人たちに発言する。そこからようやくアイディアは、植物の種のように芽を出し、水と栄養を与えるように具体化していくことで、花開き、結実していく可能性を帯びていくものなのです。

これまでの人生において、本当にさまざまな人を見てきましたが、チャレンジしたい人間に対するチャンスの与え方に、アメリカ人の大いなる寛容さを感じます。一九六〇年代のケネディ大統領の演説で、「アメリカの財産は、アイディアだ」というようなセリフがあったと記憶していますが、それが非常に象徴的であると思います。

アメリカ人のよさは、「人と違うことをやろう」と誰もがいつも考えているところにあるように思います。それこそ、どんな人でもいろんなアイディアを考えているのです。もっとも、それが単なる思いつき程度のことだって少なくないけれど。

それでも、会う人は誰もが、「こんなことをしたらいいんじゃないかな」というアイディアを、いつも五から十ぐらいは口にするのです。

これが日本だとそうはいきません。ふだんは気づかないけれど、人と同じことをするのがよいという日本人特有の発想が、自分のなかのどこかに根ざしていて、つい「建前」に振りまわされ、がちがちの頭になったりします。でも、それは、海外に一歩出たとたんに、マイナス要素になるのではないでしょうか。

それとは対照的に、現代のアメリカでも変わらないのが、アメリカ人のコミュニケーション力。いつも彼らが口にするアイディアのほとんどが、ある程度、知識をもち合わせていれば、実現するのは不可能だと、すぐに察しのつくことばかりだったりします。でも、「こんなことをしたら、みんなの役に立つんじゃないだろうか」などと、ちっとも臆することなく次から次へとアイディアを出してくるのは、とても爽快だと思います。そして彼らは、そのアイディアがいかに拙《つたな》くても、目的には直接、結びつかない想像の産物であったとしても、そのために自分が賢くないと思われても、まったくかまわないのです。

そのくらい、アメリカ社会では、いくつものアイディアを積極的に口に出していくことが、コミュニケーション力の一つとして重要視されています。

あることに対して、自分がはっと思ったら、そのアイディアを湯水のごとく言葉にしていく――そうしないと、人とのコミュニケーションがとれない。相手が何を考えているのか、彼らにはわからないのです。実際、「あなたが何をしたいのか、わからない」とはっきりいわれます。

また、アメリカ人は自分のアイディアをいいと思ったら、誰が何といおうとも単独で実行に移します。そのチャレンジ精神そのものを、僕は非常に尊敬しています。また、そこにアメリカの開拓者精神が根づいているのを感じるのです。

開拓者精神は、何もない、まったくのゼロからつくっていくという、建国以来、アメリカ人の何世代にもわたって継承されてきたものであり、大きな意味での、ハングリー精神だと思います。彼らはそれを備えもっていて、そこから自然とコミュニケーション力やリーダーシップが育っているのに違いありません。

POINT

- リーダーシップを身につけるには、たゆまない挑戦が重要。
- アメリカの開拓者精神に学び、チャレンジし続けることを身につけよう。

迅速に自ら行動する力が、アイディアをかたちにする

即断即決と「有言実行」で取り組む

ある目標を達成するためのアイディアを思いついたときから、緻密な計画を立て、全力をあげて努力するためには、それこそ、すごく辛いチリビーンズを口のなかに放りこむくらいのスピード感が必要なのかもしれません。

ぐずぐずして、悩んだり、迷ったりしている段階にもはやないときは、高速道路を猛スピードで運転する覚悟で臨んでみましょう。

成功している人の多くは、このちょっと無謀ともとれるようなスピード感と行動力が備わっていて、僕のアメリカのお父さんも決して例外ではないのです。「思いたったら即、実行」の人なのです。

「そうだ、あの人をヤタローに紹介しよう!」といったと思ったら、夜遅くでも、すぐその場で電話の受話器を手に取る、といった具合です。

せっかちとはまた違うのです。いま、思ったことは、いますぐに行動したいのです。またそれが身についている人なんです。それにしても、あのスピード感はすごかったなあと、いまでもときおり、しみじみ思い返します。そんなとき、周囲の人間は、ただ口をぽかんとあけて眺めていることが多かったように思います。

もちろん、それでもうまくいかないこともあります。けれども、それはそれで終わってもいい。そこでそのアイディアに固執することはない――また別のアイディアがわいてくるのですから。次から次へと、泉のようにアイディアがわき出てきて、そのアイディアの連続と、実行の連続――で生きているようなものなのです。

ほかにも、僕が親しくしているニューヨークの「ストランド」という老舗の古書店の社長も、アメリカのお父さんと同様に、頭の回転が速い、即断即決の人であり、ものすごいスピード感と行動力に満ちています。

そしてその彼も、非常に謙虚であり、よく他者を受け入れます。それはひょっとしたら、アメリカ人のある年代の人たちが、それこそ第二のバイブルのように、あるいは座右の書としている、デール・カーネギーの教えが、根っこにあるからかもしれません。

それに、その年代で、成功をおさめている人たちは、かの有名なナポレオン・ヒルの本も好んで読み、日々のコツコツとした努力のなかで、その成功哲学を一つひとつ成し遂げています。

僕もアメリカのお父さんからすすめられて『Think and Grow Rich』の日本語版（『思考は現実化する』）を読んだことがあります。読後、感じたのは、やはり人はいつでも謙虚であるべきであり、人の話をよく聞くことが大事だということでした。

国内外を問わず、企業のトップレベルにある人は、周囲の人間に対していつも「どんな小さなアイディアでも、思いついたことがあったら、なんでもいいからすべて、僕に教えてくれないか」といっています。

どんなことでも、あきらめないで提言してくれないか、僕は何も知らないのだからと。それこそ世界でいちばん無知な人間になって、いつでも聞く側にまわる。そして、そのなかで自分が「これだ！」と思ったことに対しては、即実行に移す。今日、実行するぐらいの迅速さで行動します。

そもそも、アイディアというのは、誰も考えつかないようなことに気づき、それについて真剣に考えるから、大きな成功のチャンスに結びつくわけであり、とんでもないアイディアのなかに、実はヒントがある。そのことを、ある一定レベル以上の人たちは、よく理解している——限られた人にしか見えないものが見える、ともいえるかもしれません。

日本には、周囲との協調性を重視するあまり、一定の枠からはみ出たアイディアを受け入れるだけの寛容さや勇気が、アメリカほど、ないのかもしれません。

何かとんでもないアイディアの実現に向けて、行動をとろうとすると、どうしても問題が起こる。周囲との軋轢が生じてしまう。アメリカでは、自分のなかにアイディアがわいて、周囲の人たちに話をすると「よし、やってみろ」と、みんなが背中を押す環境があるのと、実に対照的です。

しかしこれからは、日本でも、アイディアを「有言実行」でかたちにしていく行動力と、どんなアイディアも否定せずに受け入れる姿勢が必要です。今後、アメリカ人と肩を並べて仕事をする機会がますます増えていくことと思います。そのときに、自分も同じように対応する必要性が生じるでしょう。いまから、アイディアを自分で構築し、推し進めていく努力を重ねていきたいものです。

POINT

- 自分が「これだ!」と思ったことは、即実行する。それこそ今日、実行するぐらいの迅速さで行動する。
- これからは、アイディアを「有言実行」でかたちにしていく行動力が必要。

組織内の衝突をうまく問題解決へとつなげる

僕がふれてきたアメリカ人の発想は、ないものは自分でつくり、そして人に与えようというものです。

つまり、彼らの根っこにあるものは、自分が得たいものがあれば、まず自分から与えようという考え方なのです。

それは英語でいうところの、「Golden Rule」に通じます。たとえば、自分が相手に笑顔であいさつをしてもらいたいと思うのならば、こちらが先に笑顔であいさつをする――「自分が扱われたいように、人を扱う」ということです。

でも日本人は、相手が笑顔であいさつをしたら、自分も笑顔で返す――という逆の発想をしがちです。

自分が必要だと思うもの、あればよいと思うものを、アメリカ人のように、自分がつくり出すのではなく、「誰かがつくってくれればいいのになあ」と、他人に求める傾向が強いといえます。

これは僕の主観が入りますが、僕たち日本人の気持ちのどこかに、自分の親や学校、コミュニティ、そして自分が働く会社に、多くを期待するところがあったように思います。自分が常に主体となって行動するのでなく、周囲の環境が自分の欲求に応えるのならば、自分も何かをやるのだという意識とでもいうのでしょうか。

これまで、狭い島国である日本の社会で育った僕たちの選択できる道は限られていて、「長いものには巻かれろ」「出る杭は打たれる」という言葉のごとく、相手しだいで対応を変えることが得策であり、よけいなことはしないで、他人と同じようにしているのが無難だというような考え方や処世術のようなものを、それこそ幼少時代から身につけてきたところもあるのではないかと思います。

アップルの創業者の一人、故スティーブ・ジョブズ氏の言葉で、僕がもっとも気に入っているものの一つに、「Stay hungry, Stay foolish」があります。スタンフォード大学の卒業式での、祝賀スピーチの締めの言葉です。彼はアメリカの若い人たちに、自分のなかにハングリー精神を忘れてはならない、とエールを送ったのです。

そして、やはりアメリカのお父さんが僕に語った「まったく何も知らない人間になって、人の話を聞く」精神が大事だというのと同じような文脈で、「Stay foolish」と続けたのではないかと思います。

人の成長は、自分が賢いと思った瞬間に止まるものです。自分が無知であるという意識から、何かを学ぼうという姿勢が生じます。また、何もないところから出発して、既存の概念にとらわれない発想やアイディアが生み出されるものではないでしょうか。

さらに、どんなに人から愚かだと思われようとも、自分が心のなかで確信したことについて、断固として周囲の人間に語り続け、また、その実現に向けて努力する勇気がときには必要だと思います。

僕の経験からいうと、アメリカでは、そんなことはあり得ないというようなアイディアでも、必ずサポートする人間が現れるものです。

アメリカの外資企業の多くが、早くから「ブレーンストーミング（ブレスト、BS、brainstorming）」を採用しています。ちょっと聞き慣れない言葉かもしれませんが、この言葉はアイディアを自由に出し合う、提案されたアイディアへの批判、判断や意見を述べないのをルールとする会議を意味します。

このブレストで出されたアイディアは、あとから整理、分析が行われ、本当に独創的なアイディアを抽出することにつなげていくのです。つまり、最初はまったく見当違いのように思える、奇抜なアイディアでも、いつのまにか、それがもとになって、一つのかたちになることもあるのです。

そのほか、とくにアメリカの企業では、「コンフリクトマネジメント」を非常に重視しています。企業グループ全体、あるいは内部の「コンフリクト（衝突や対立、conflict）」を戦略的にとらえ、仕事の一部として管理する意識がとても高いのです。

今日のような、迅速な意思決定と行動が求められるビジネスシーンには、組織の変革がつきものです。そこでコンフリクト、つまり対立が生じるのはどうしても避けられないことです。

アメリカでは、常にコンフリクトから逃げないで、前向きな議論をしていくことで、問題解決へとつなげていく姿勢をとっています。そのことによって、向かうべき方向性がよりクリアになり、意思決定の質を高めることにつながる、などのメリットがあります。

また、コンフリクトを通じて対立する双方の理解を深め、新しい考え方やアイディアを得るチャンスもあります。アメリカ人には、コンフリクトマネジメントのようなことも、ごく自然に備えもっている資質だといえるのかもしれません。

日本企業は、コンフリクトを戦略的にとらえるのではなく、できるだけ巻き添えを食わないように避けようとし、コンフリクトそのものが存在しないかのように振る舞う傾向があります。

しかし、やはり僕たち日本人も、アメリカ人のように、仕事の一つとしてとらえ、自然にコンフリクトに対処する術を備えていくことが必要なのではないかと思います。

POINT

- 自分が得たいものがあれば、まず自分から与えるようにしよう。
- 自分が心のなかで確信したことは、周囲の人々に語り続け、その実現に向けて努力する。

時間とお金を無駄なく投じることで、英語をものにする

照れずに、模倣からはじめる覚悟で

カウブックスを中目黒でスタートさせてから、十年以上が経ちました。現在、カウブックスを訪れるお客さまの約三〇パーセントが、海外の人たちです。国籍は実に多彩で、ヨーロッパ圏の方もいれば、アジア圏の方もいます。

旅行で東京を訪れて、なんとなくお店の雰囲気に惹かれて、たまたま立ち寄ったという人。ビジネスで東京に滞在していて、カウブックスって面白いからと、足しげく通う本好きの人もいます。

数年前から、カウブックスではじめた試みがあります。それは、海外からお店を訪れ

た人には、必ずコーヒーをサービスとしてお出しすること——せっかく飛行機代を出して、東京まで来てくれたのだから、というのが理由の一つです。

けれどももう一つ、大きな理由があります。それは、お店のスタッフも堂々と英語で海外からのお客さまと接することを学ぶ、きっかけづくりをする必要があるからです。コーヒー・サービスをするからには、スタッフは海外からのお客さまにまずあいさつをしてから、話しかける必要性に迫られます。同じアジアの人だと判断がつきにくい場合もありますが、欧米人であれば大概はすぐにわかります。

そこで、コーヒーを出しながら、英語で「こんにちは。どちらからいらしたのですか?」と話しかけるようにしたのです。

すると、やはり海外からのお客さまも、スタッフにコーヒー・サービスのお礼をいうとともに、何か話しかけてくるわけです。

そうやって、お店のスタッフが自分たちで少しずつ、苦手意識を取り除いていって、自然に英語で話すことに慣れていった結果、いまではカウブックス全体がずいぶん変わったように感じています。

たとえば、かつての僕にもそういう経験がありますが、海外の人とテーブルを挟んで向かい合わせになったときに、周囲にはほかに誰もいないので、もしいま、英語で話しかけられたらどうしようか――などと考えて、思わず下を向いてしまった、というような経験は、誰もが一度くらいはあることでしょう。

けれども、これだけ海外から日本に、多くの人たちがやってきているいま、それではもはや通用しないと思うのです。通りを歩いていて、海外の人に英語で道を訊ねられたら、やはり英語で返すのが基本的なマナーです。

海外の友人にばったり街中で出会って、英語でコミュニケーションをとるのも、本当にごく自然なことです。そういうふうに意識して、言葉の壁を乗り越えていくことが、とても大事なことではないでしょうか。

できるだけ英語で話す機会を自分でつくっていくこと。それが最初の一歩です。

次に、海外の人と親しくなる機会ができたなら、とにかく実際に相手が使っているいいまわしをまねて、その場で自分でも口に出してみることです。オウム返しをするのです。とにかく話してみることです。いいまわしだけでなく、発音、イントネーションなどもまねて発言してみましょう。

たとえば、レストランやカフェに一緒に行った際には、相手がどのように注文するのか、場面ごとに一つひとつ、学んでいくのです。すると、たとえば中学校の教科書や市販のテキストブックに載っているような例文が、実用とはかけ離れたものであることに、おそらく気づくでしょう。

もっとも、「とにかくやってみる、聴いてみる」ことに焦点を当てた良書もあります。その一つが、海外生活歴も長い作家、ロバート・ハリス氏の『やってみたら 英語なんて これだけ聴けて これだけ言えれば 世界はどこでも旅できた』（東京書籍）。本にあるシチュエーションに実際に出かけてみて「話す」チャレンジをするときに、あると役立つ一冊だともいえます。

また、同氏が監修している『自由への一歩 ROAD TO FREEDOM』（発行元 NORTH VILLAGE 発売元 サンクチュアリ出版）。日本語訳対照で、英語の格言が満載されているので、英語の原書にふれるきっかけづくりにぴったりの本です。チャールズ・M・シュルツや、ジャック・ケルアックの『オン・ザ・ロード』の言葉まで実にさまざま。一読の価値ありです。

いずれにしても、英語を話す最大のコツは、照れないこと。

たとえどんなに発音が変であったとしても、まるで幼い子どものような表現しかできなくても——完璧を求めないと覚悟を決めることです。

人目ばかり気にしてもしかたがありませんし、何事も焦らずに一つひとつ行うことが基本です。ここで大事なのは、ふだんの人間関係を意識しないということです。これが日本人同士であったとしても、照れてばかりいては、いつまでたっても相互関係が成立せず、仲よくなることも叶いません。それと同じことが、国籍を異にする人たちとコミュニケーションをとる場合にもいえます。

POINT

- できるだけ英語で話す機会をつくって、言語コミュニケーション能力を高めよう。
- 英語を話す最大のコツは〝照れないこと〟と肝に銘じる。

知的投資は、必ず自分に還元される

最近は、自分の会社や自宅近くのカフェなどで、英語の個人レッスンを受ける人が増えているようです。僕も五年ほど前から週に一回、朝、仕事に出かける前に、「自己投資」のための時間をつくり出して、カフェで個人レッスンを受けたり、時間のないときは電話レッスンのスタイルをとっています。

ニューヨークに暮らしていたときは、日常的に英語と接しているわけですから、とくに何もしなくても、英語で話す能力を維持できていたのです。

けれども帰国後、日本を中心に仕事をするようになってからは、やはり英語を使う機会が少なくなり、英語が口からすっと出ないと感じて、週一回ペースの個人レッスンの受講をはじめてみたのです。

これは英語に限らず、ほかの言語にもいえることですが、やはり日常的に使っていなければ、どんどん覚えたことを忘れ、また感覚も鈍るのです。

そして、いったん使えなくなると、それを以前のレベルにまで引き上げるには、相当な努力を要します。

何事も、身につけるまでが大変で、それなりに時間もかかります。しかし、忘れるのはあっというまです。

僕の英語の先生は、非常に教え方がうまく、必ず自分の生徒を、それ相応に英語を話せるようにするという責任感にあふれた方です。したがって、僕にもやはり厳しく対応してきますが、そのことによって、アメリカで暮らしていたころのように、すばやく頭のなかで、英語のスイッチがオンに切り替わるようになったのを実感しています。

知的投資には、それなりのお金をかける必要があるというのが、僕の持論です。実際、僕の英語の先生のレッスン料は高額で、それだけのレッスン料を払うのに見合うだけの教え方をします。そこにはそれだけの責任が発生するわけで、その自覚をもって一所懸命に教えてくれます。

それに対して僕も、それだけお金をかけてレッスンを受けるのだから、無駄にはせずに、がんばろうという気持ちがわくものです。

高いものには、高いだけの理由がある。そして、安いものには、安いなりの理由がある――それは習い事に限らず、あらゆるものごとに共通していえることではないでしょうか。

もしもあなたが、海外赴任や留学などを半年後、あるいは数カ月後に控えていて、そのために英語を完全にマスターする必要性を感じているのであれば、高いレッスン料金を払ってでも、一流の先生について、集中して習得に取り組むのがベストです。

個人レッスンの場合は、こちらの希望や、またその先生のやり方しだいですが、テキストブックの類をとくに用いないで、身近な話題などを中心に話す、フリートークのスタイルです。

したがって、その先生との相性がレッスンの内容および質に非常に大きな影響をおよぼします。ここでいう相性とは、もちろん波長が合うかどうかの問題でもありますが、知的かつ文化的レベルにおいて自分と話が合うかどうか、また共通の話題となるような趣味・趣向などをもっているかどうかも、大切な判断材料といえます。

初回のレッスンは無料のことが多く、その段階で詳しいプロフィールを提出してもらい、これからおつきあいしていくのに、本当に自分にふさわしい先生であるかどうか、よく検討してみましょう。

自分の聴き取りやすい声のトーンや話し方など、日本人同士でもそうであるように、自分との相性はやはりあります。それは自分のリスニング力とは関係なくとらえたほうがよいでしょう。

僕の場合は、友人からの紹介でした。周囲にも英語の個人レッスンをやっている人がけっこういて、歯医者さんなど病院選びと同じで、やはり口コミがいちばんかなと考え、紹介してもらったのです。

これから英語の個人レッスンをはじめようと、あなたが考えているのなら、まず自分の友人あるいは知人で、すでに実践している人に当たってみてはいかがでしょうか。インターネットで検索することも可能です。

二〇一二年の夏から、僕の娘が語学留学に行くようになりました。夏休みの期間、ロンドンにイギリス英語を習得しに行ってきたわけですが、彼女の入ったクラスは、十人中七人が中国人で占められていたというのです。そして、残りの三人が日本人である自分、そしてインド人とベトナム人だったそうです。

つまり、それだけ現在の中国人は、海外に目が向いていて、自分の子どもに英語を中心とした他言語を習得させるために、投資しているのです。これはイギリスに限らず、フランスやイタリアなどでも、同じ現象が見られるという話です。

建築家の安藤忠雄氏が、何かのインタビューに応えて、「たとえば日本は景気が悪いとか、○○は景気が悪いなどというけれど、それじゃあ、自分が景気のいいところに行って仕事をすればいいのではないか」と発言していたのがとても印象的でした。

現在、僕は東京に仕事と生活の拠点があり、しばらく海外へ移住しようなどとは、正直なところ考えていません。単身ではなく家族がいることも大きな理由です。

しかし、僕がいま二十代だったら、間違いなく海外へ行っていて、日本にはいないと思います。また、六十代ぐらいになって、仕事も何もかもがひと段落した時点で、次の新しいビジネスを考えたときは、ひょっとしたら海外へ行くという選択をするかもしれません。

現在の中国の人たちが海外に目を向けているように、日本の人たちも、これまで以上に、景気のよい国、あるいは地域へ行って、仕事をしようという意識をもつようになるのではないかと思います。また、そうすべきではないかと僕は考えています。

そのためには、まずベースとしての英語力の強化が必要です。どんな職業の人にとっても、英語力を身につけることが必要な時代が、もうすぐそこまで来ているのだと思います。

POINT

- 英語力を効率的に身につけるには、思い切った額を投資して、個人レッスンを受けることが第一歩。
- これからは、日本だけではなく、景気のよい他国に目を向けることも必要になってくる。

PART 2 BONJOUR

「ボンジュール」の章

フランス流、
エレガントな生き方を身につける

質の高い仕事をするためにヴァカンスをとるセンス

「遊び心」を仕事に生かす

最近、フランスから日本に帰ってきた友人と話をする機会がありました。そして、フランスについてさまざまなことを話題にするなかで、「自分たちにない、フランス人のよいところってなんだろう？」という話をしました。

そして結論として得られたのが、何よりもまず、フランスの人たちのよく働き、よく遊ぶセンスのよさなのではないかということでした。

フランスでは会社員は、一年に五週間の有給休暇を取得することが、国民の権利であり義務であることは、ご存知の方もいるかと思います。フランスの人たちの多くが、七月から八月にかけてヴァカンスを一カ月、人によっては一カ月半くらいとり、心身ともにリフレッシュするための充電期間にあてています。

パリの親しい友人がいうには、だいたい七月十四日のフランス革命記念日、日本でいう「パリ祭」が終わるころから、ヴァカンスへと出かけていく人が多いとのことです。

もちろん、それまでにやるべき仕事を終わらせてから、出かけていきます。それに、夏のヴァカンスをとるために、それこそ一年を通して、朝早くから夜遅くまで、彼らはしっかり働いているのです。

そして、これも人によりますが、そのためにできるだけ日々の暮らしをシンプルにするよう心がけ、個々人がそれぞれの収入に見合った、有意義なヴァカンスの過ごし方をもっています。

たとえば、毎年、地中海方面にある自分の別荘で家族とともにゆっくり過ごす人もいれば、独身という身軽さを生かして、パリ以外の場所——海外を含めて——に住む家族や友人を順繰りに訪ねてまわり、彼らの家に滞在して、一緒にたのしむ人もいます。

またヴァカンスの計画を立てる時期も、人によってさまざまで、その年のはじめに立てる「用意周到」な人もいれば、菩提樹の白い花の香りが、街中にふわりと漂う六月に入ってから決める人もいます。この季節のフランスは、多くの人たちが、まもなくヴァカンスの季節が到来するという幸福感に満ちた意識をもって、いつも以上に仕事を熱心にこなしている時期だといえます。

日本では一般に、フランスにおける夏のヴァカンスのような長期休暇をとる習慣が定着していないからでしょうか。それがとても重要な充電期間であるという意識への理解が不足しているように感じられます。

ビジネスパーソンにとって、充電期間といえば、「仕事のために会社へ行かない時間、あるいは仕事ではない時間」という、どこか消極的なイメージがつきまとうように思えます。そして、つい、だらだらと過ごしてしまい、逆に、早く仕事に戻りたい、となったりするのではないでしょうか。

けれども、フランスの人たちの多くは、家族とゆっくり時間を過ごすために夏のヴァカンスをとり、心身ともにリフレッシュすることが、自分自身の人生をよりゆたかなものにすることをよく理解しています。

さらに、その期間を、ふだんの暮らしのなかでは実行できないたのしみに使うことで発想力を高め、また、日々の仕事への集中力を培うことができることをよく知っているからこそ、積極的にヴァカンスをとる努力をしているのです。

あるフランスの代表的な国際企業グループに勤めるフランス人が、「十分なヴァカンスをとるだけの環境は、自分で獲得すべきだ」と述べていたのが、とても印象的でした。

つまり、フランスの人たちにとって、ヴァカンスをとるかとらないかは、個人の自由であるけれど、やはりよく働くためには一定期間、心身ともにリフレッシュすること――よくたのしみ、よく遊ぶことが大切だという考え方が身についているのだと僕は感じました。半ば強制的に自ら「学び」続けている僕も、非常に憧れるライフスタイルです。

「アール・ド・ヴィーヴル（Art de vivre)」とは、よくフランスの人たちとの会話に出てくる言葉で、「人生をたのしむ術、あるいは人生の味わい方」とも訳します。

そして実際、彼らはこのアール・ド・ヴィーヴルがとても上手です。エレガントに自分の人生をたのしむ――その独特のたのしみ方の一つが、よく働き、よく遊ぶということなのです。

一方、ここ日本における仕事に対する意識は、フランスの人たちとは大きく異なります。日本人には、遊ぶために働く――たのしむために、つらい仕事をこなしている「傾向」があるのではないかと、僕は常々感じています。

そこには、仕事をたのしむよろこびや面白さよりも、仕事のきつさやストレスが先に立って、それらを発散させるために遊びがあるという、本来、あるべき働き方とは、微妙なずれがあり、その発想そのものに問題があるのではないかと、ずいぶん前から考えていました。

やはり、よく働くためによく遊ぶフランスの人たちのようなバランス感覚が必要であり、よく遊んでいなければ、よい仕事ができるはずはない。僕は仕事と遊びの関係をそんなふうにとらえています。

確かに、いまの日本のビジネス環境では、一カ月ものヴァカンスをとるのは難しいかもしれません。

けれども、たとえば自分でテーマを決めて、一週間のうち、週末の二日間を自分の向学心や遊び心を満たすために活用する。また、夏休みや正月休みをできれば自宅を離れて、家族と一緒に山や海へ出かけるなど自然のなかで過ごすというように、ふだんはできないことをたのしむ――。

そんなふうに、一年の計画のなかに、仕事と同じように遊びのスケジュールをあらかじめ組みこむ工夫をすることで、自分なりに実践することは可能ではないでしょうか。

これはあくまでも一つの例ですが、二〇〇六年から僕が編集長を務めた『暮しの手帖』では、いっさい企画会議を行わないことにしていました。

ただ、企画会議とはいかないまでも、ふだん仕事をしながらの対話や、お茶をいただきながらの対話ともいえる打ち合わせを行うと、そこではどうしても、積極的に自分の意見を述べる人と、まったく発言しない人とに分かれるのです。

この両者の違いは、いったいどこにあるのか——あなたなら、どのように考えるでしょうか?

僕の導き出した結論は、こうです。

日々の暮らしのなかで、常に感動すること——大きな感動から小さな感動まで——を通じて多くを体験し、そこから何かの気づきを得ているかどうかの違いが、そこに如実に表れているのではないだろうかと。

本来、仕事は感動の分かち合いであり、感動をかたちにしていくものだと僕は考えています。だから、休日やプライベートの時間を有意義に過ごし、遊び心をもって暮らしそのものをたのしんでいる人は、発想にも柔軟性があり、次々にアイディアがわいてくるため、とてもよい仕事をするのではないかと思います。

よい仕事をする人は、小さな感動を自分のなかにたくさん積み重ねていて、それらを人と分かち合いたいという思いが非常に強い。だからそれが、仕事の場においても生かされ、応用されて、自分の意見を述べることにも積極的につながっているのではないか——そんなふうに思っています。

日々の暮らしで、感動のなかから気づきを得る機会をもたない、いわゆる旧来の仕事人間からは、処理能力は高いかもしれませんが、斬新で冴えた発想やアイディアはわいてこないのではないでしょうか。

発想やアイディアのヒントは、ただ仕事のデスクに向かっているだけでは、得られるものではありません。

たとえば公園を歩いていて、地面に転がっている小枝や小石につまずいたときのように、アイディアはわいてくるものです。急なスコールに見舞われたときに、思いがけなく、ひらめきが訪れるというように。

仕事以外のたのしみ——新しい人との出会いやものごとにふれる機会を先送りしてばかりいては、結局、いつまでたってもたのしめるときはやってきません。いま、たのしみたいこと、やってみたい遊びは、「思いたった日が吉日」とばかりにすぐに取り組んでみる。そんな瞬発的な力が実は、仕事にも役立つのです。

かつて、たくさん遊び、人間的にゆたかになってこそ、よい仕事ができるものだと、暮らしを大切にするアメリカの友人たちから教わりました。そして、さらにその考え方を深めてくれたのが、フランスの友人たちです。

自分の人生をたのしむ、ゆたかな生活者であるからこそ、質の高い仕事をこなせる——と僕はしみじみ感じます。そしてゆかたな生活者であることは、自分の心を磨くことにも密接につながっています。

自分自身の有効的な時間の使い方を考えるとともに、フランスの人たちから、アール・ド・ヴィーヴルの意識を学ぶことも重要ではないでしょうか。

POINT

- フランス人の「よく働き、よく遊ぶ」センスに学ぶ。
- フランス人の人生をたのしみ、味わう術を習得する。
- 一年の計画のなかに、仕事と同じように遊びのスケジュールをあらかじめ組みこむ。

家族や友人との文化的時間を大切にする

フランスの友人たちを通じて、いつも僕が感じるのは、彼らは人間関係をとても大事にしているということです。

文化・歴史的背景もあって、もともと他者への警戒心が強く、親しくなるまでは、なかなか自分の内側に立ち入らせようとしないのがフランスの人たちだともいえます。そして、個人の自由を尊重する彼らは、必要以上に人に干渉しない代わりに、自分が干渉されることも好みません。

けれども、いったん心を許した相手――パートナーである恋人や家族、友人などに対しては、抱擁やキスなどのスキンシップも含めて、その関係性を非常に大切にし、両者間の距離を少しでも近づけようと努めます。またそのようなことが自然と備わっているともいえます。

たとえば、ときおり彼らとディナーをともにすると、三時間があっというまに過ぎていきます。

そのくらい彼らは、家族や友人たちとのディナーをゆっくりとたのしむことを大切にしています。ワインでも飲みながら、ということになれば、三時間以上におよぶこともあります。

少なくとも、料理の一品一品を味わい、会話もたのしみながら――というだけで、最低二時間は要します。しかもそのあいだ、まったく仕事の話をしないことに、いつも僕は感心すると同時に、ちょっとばかり、ヘビーだと感じることもあるくらいです。さらに、ビジネス・ディナーの席でも、デザートタイムになってはじめて仕事の話をする姿勢を、彼らは徹底して貫いています。

だから、コーヒーが出るまでのあいだ、会話の中心になるのは、絵画や建築、音楽、文学、演劇・舞踏・映画など、芸術的かつ文化的な話題であり、なかでも開催中の美術展の話などは、よく好んで取り上げられます。

フランスの人たちは、文化的なことを話題にするのが、何よりも重要なコミュニケーション・ツールだと心得ているのです。

また、フランスのトップ企業は、メセナ（文化の擁護、mécénat）に積極的に取り組み、数多くの文化・芸術事業を促進、支援することで、その企業のもつ文化的価値を守り、結果的に、フランスの文化と生活様式を世界に発信する役割を果たしています。

日本でも、一九八八年の日仏文化サミットを契機にして、メセナが展開されるようになり、その裾野も広がって多様性を見せているようです。そしてフランスの企業と同様に、地球環境保全活動にも力を注いでいます。

しかし、個人レベルの話だと、少々、事情が異なってきます。日本人のビジネスパーソンの多くは、長くフランスの外資系企業に勤めているような人は別にして、ゴルフや趣味の車の話はできても、ちょっと文化的な話をしようといわれると、もうお手上げ状態という人もいるようです。

この話を、僕は日本の商社に勤める友人から聞いたのですが、やはりふだんから、最近、話題になっている絵画展や音楽会などにも関心を向けて、自分の好きな催しがあれば、ときおりでも足を運び、さらに日本を含む世界の文化や歴史などについても、日頃から勉強していなければ、当然、そういう話題にはついていけないということになります。

パリに暮らす一般の人たちは、演劇や舞踏などイベントの定期予約による割引や、ライブハウスのソワレ・リーヴル（無料コンサート、soirée livre）などをうまく活用して、できるだけお金をかけずに文化的な興味・関心を追求するのが得意なようです。

常にゆたかな気持ちで生活をたのしむのは、なかなか難しいことですが、よい意味で、そのようなフランスの、合理的ともいえる伝統的倹約精神が、前述したアール・ド・ヴィーヴルにも生かされているのではないでしょうか。

古今東西の歴史や文化思想、文学に至るまで、自分自身を向上させる勉強は、個人的なよろこびを引き出すものとして、一生、続けていくことが大切なのではないかと思います。

先述した、自分の心を磨くことにもつながりますが、できるだけ多く、各国の文化にふれる機会をもつことが、きっと自分の美的センスのみならず、心をもピカピカに磨いてくれるでしょう。

文化とは美しいもの——。そして、自分自身が教養ゆたかであることは、人生を多彩な色合いに染め上げます。遊び心をもって、文化的かつ雑学知識の宝庫的な存在になることも、一つのスキルとして重要なことに違いありません。

POINT

- ゆたかなコミュニケーションをとるためにも、文化的な知識を身につけるようにする。
- 〝お金をかけずに〟文化的な知識を得るフランス人の合理的な精神に学ぶ。

相手の質問にどれだけ真摯に応えるかが、誠実さの尺度

議論は、たのしい論理的思考のゲーム

「あなたはそれについてどう考えているのか――」

パリの街を歩きながら、あるいはカフェで向かい合って話しているさなか、フランスの友人たちはそう僕に何度も問いかけてきます。

そして、そのたびに僕は彼らの問いかけに応じ、懸命に言葉を選んで組み合わせ、どうやったら自分の思考がうまく相手に伝わるかを考えながら、意見を述べます。すると彼らは、しばらく満足げに僕の意見に耳を傾けていたかと思うと、また次の質問を投げかけてくるのです。

そうやって、彼らと僕との会話は、まるでキャッチボールをするようにどんどん弾ん

でいって、いつのまにか、ある問題に関する議論に発展していることもしばしばです。それはどこか終わりのない、思考のゲームをしているかのようにも感じられます。けれどもその会話や議論によって、互いの心が傷つくことはありません。むしろ彼らは、議論にまで発展する会話ができる相手として、より親近感をもって僕に接してくるようになります。

フランスの人たちがもっとも重視するコミュニケーションとは、内容はともかく、「あなたはそれについてどう考えているのか」という自分の質問に対して、相手がどれだけ熱心に応えるかであり、そこに彼らは、人間としての誠実さを見いだします。

自分が質問したことに応えない、あるいは、どっちつかずの曖昧な返事をしているだけでは、まったく相手にされなくなります。なぜなら、それは彼らにとっては、もっとも無礼な振る舞いにあたるからです。

また、フランスの友人との会話のなかでは、頻繁に「Non, ——（いや、——）」が繰り返され、「Je ne le pense pas.（僕はそうは考えない）」「Je ne partage pas vos idées.（あなたの考えには賛成しかねます）」などとつなげてきます。

つまり、「Non（ノン）」という言葉から、彼らとの会話がはじまるといっても過言ではないのです。もちろん、それはこちらのいうことを全面的に否定することを意味しているのではありません。「僕はこう思う――」と会話をつなげるための、きっかけづくりの記号のようなものです。そして、ノンに続けて相手がこちらに投げかけてきた反論から、前向きな議論がはじまり、そこで本当の会話が成立するわけです。

フランスの人たちにとって、いわば会話とは議論と同義であり、その議論もまた、彼らにしてみればたのしいゲームの一つなのだともいえます。

そして、フランス人同士なら、議論の相手が自分のガールフレンドであったとしても、とても仲のよい親友であっても、二者間における意見の大きな相違を、彼らはまったく気にかけてはいません。画一性をきらい、多様性を重んじるフランスの人たちは、意見がすべて同じであることのほうが「どこか変で、危険だ」と、懐疑的になるようです。

そして、フランスの人たちとの会話では、どれだけ論理的に自分の意見を展開させるかが、すごく重要です。さらに、議論を戦わせていくうえで肝心なのは、論理展開をしていくなかで、どれだけ自分の感情をこめて表現できるかです。

フランスの人たちにおける会話、そしてその延長としての議論は、まさに論理的思考や表現力を競うゲームなのであり、それらのスキルが欠けていれば当然、鋭く突っこまれ、ときには非難される立場にもおかれるわけです。

フランスの社会では、高度な論理的思考法を完全に身につけ、形式美を重んじる人は、その人のバックグラウンドに関係なく、高く評価されます。

こうした優秀な人々が評価されるのは、すぐれた知的能力に加え、しっかりした良識、実際的な考え方、リーダーシップを備えているからであり、ビジネスにおける、あらゆる状況や問題を即座に分析し、整理・統一する、すばらしい論理的思考力をいかんなく発揮できる逸材であるからです。

あるとき、僕は「ディスカッションをするとき、あなた方はいつも何をポイントにして、話を展開させていますか。やはり、起承転結を意識して話しているのですか」とフランス人の友人に訊ねたことがあります。するとその友人は、

「自分の意見を展開するときには、最初に結論をもってくるのが、もっともかんたんな方法の一つ」と僕に教えてくれたのでした。

それを聞いて、僕はなるほど、と思ったものです。

つまり、最初に結論を述べてしまえば、あとは具体的な事例をあげながら、それに基づいて論証していけばよいわけで、話しているあいだに、どんどん話が脱線して、自分が本当は何をいいたかったのか、話の途中でわからなくなることも、極力避けられるか

らです。

まず結論を述べることで、自分の意見、主張したいことを明確にする。次に、どうしてそう考えるのか――その論拠について論証していけば、途中で破綻をきたすこともなく、比較的スムーズに、自分の頭のなかで組み立てた論理を展開していくことが可能になるのです。

意外と、結論は感情――自分自身、あるいは対象とする事柄に対する主観的な価値である場合が多いといえます。

コミュニケーションにおいて、話し手が選択した言語には感情が充満しています。それによって言語は、聞き手を魅了するようにもなるのです。

この感情を理解し共有することが、実はコミュニケーションにおいて非常に重要な意味をもちます。つまり、自分の感情をうまく聞き手に伝える表現力が、世界の事柄や状況など現実の情報を伝える力、説得する力とともに、コミュニケーションでは大切になるわけです。

会話の相手との人間関係を意識しながら、議論を冷静かつ理性的に展開していくこと。それが、フランスの知的かつ教養のある人たちの多くが、得意としていることです。

POINT

- フランス人に学び、ゲームをするように、議論をすることをたのしむ。
- 話し手の感情を共有しながら、論理的なコミュニケーションをとることが大切。

「ノン」と続ける率直さや独自性が評価される

フランスの人たちは、子どものときから、人と同じことをしないで、自分のリズムで自分の興味のあることをやり、自分の考えをはっきりいう習慣が完全に身についているといえるでしょう。

たとえば、すでに「エコール・マテルネル（幼学校、L'école maternelle）において、フランスの子どもたちは、どんな行動をとるにしても、論理立てて、その理由を述べるように求められます。先生は生徒を、どんな場面でも反論を立てるようにしむけて、子どもたちがしっかり論理立てて話せるように導く方針をとっているのです。

画一的な行動をとることをよしとしない人がフランス人に多いのも、子どものころから、そのように育てられているからだともいえるでしょう。

たとえば日本で、学校の先生が「冬の校庭で遊ぶときは、寒いのでコートを着なさい」と指示すれば、必ず生徒はそれに従うように訓練されます。

けれども、フランスでは、「私はこれからみんなとかけっこをして遊ぶから、コートはいらないの」などと生徒が反論するのを、むしろ積極的に引き出すやり方を推進しているようです。

結局のところ、僕を含めた日本人の多くが、コミュニケーションにおいて、自分の感情をうまく相手に伝えるだけの言語表現能力を備えていないところに問題があるのかもしれません。自分の意見に反論されたり、異論を唱えられたりすることに慣れていないために、つい過剰に反応してしまいがちです。

フランスの人たちのように――すべての人がそうであるわけではないにせよ、自分の感情のバランスをうまくとりつつ、議論するだけのスキルを備えていなければ、ついムキになってケンカ腰になり、あるいは自己否定に傾いて、それだけで萎縮してしまいます。

だから、それこそフランスの人たちからノンといわれただけで、「どうしたらいいかわからない」となるわけです。それでは、いつまでたっても彼らとの会話は成り立たず、関係性も深まらないと思います。

ある命題に対して、賛成あるいは反対の立場に立つところから、議論は出発します。フランス語でいえば、「Oui（はい、ウイ）」またはノンのいずれかを選択するところからはじまるわけです。

そしてそれぞれが自分の選択した立場からその命題を検証し、論拠を述べていくのが議論です。だから、ウイかノンかよりはむしろ、その論証の進め方が重要です。そして、「もしも僕がこんなことをいったら、彼はどんなふうに返してくるだろうか。そして、もしも彼があいったなら、次に僕はこういおう――」

きっとフランス人の彼らは、そんなふうに頭のなかで考えをさまざまにめぐらせ、心からたのしんでいるのに違いありません。

そこには、最初から相手を否定しようという意図は――まったくないとはいえないにせよ――ほとんど存在しないといえるのではないかと思います。

だから、彼らがノンといえば、こちらもノンと応えればいいのであって、そこで立ち止まる必要はないのです。もちろん、時と場合に応じて、「Je suis de votre avis.（あなたと同じ意見です）」ということも大事ですが、むしろ、「いや、僕はこう思う」といって、はっきり自分の意見や考えを述べる率直さや独自性のほうが、彼らの評価対象となります。

別に評価してもらわなくてもいいというような反論は、心の奥底に沈めておきましょう。

何はともあれ、相手の質問に正面から向き合うのが、フランスにおける基本的なマナーです。そして、頭のなかで自分の表現できる範囲の単語を組み合わせて文にし、ある命題、事柄に対する思考を的確に、聞き手に伝える努力が大事であると覚えていてください。

フランスの人たちとのコミュニケーションで、あなたはどうして、私の質問にきちんと応えないのか、という強い非難の気持ちをこめて、ときおり「あなたはなんて非常識な人なんだ」「あなたは失礼な人だ」とフランス語で投げかけられたら、自分が相手の質問にしっかり応えていないという、怒りの意思表示であるととらえるとよいと思います。

そして、自分の意見にノンと反論されても、それは彼らがたのしい思考のゲームをはじめたのにすぎないのだと心得て、「完全武装」し、頭をフル活動させて、冷静かつ情熱的に議論を戦わせてみてはいかがでしょうか。

POINT

● 議論においては、それぞれが自分の選択した立場から、その命題を検証し、論拠を述べていくことが必要。

- ノンといわれたら、こちらもノンと応えればいい。
- フランス人に学んで、相手の質問に正面から向き合おう。

文章力を鍛えることで、相手に伝える力をスキルにする

結論に、秘密をこめるテクニック

議論では、まず結論をもってくること――。

そのことに僕は、とても強く共感を抱いています。人によって、さまざまな議論の展開のしかたがあると思います。しかし僕はかねがね、最初に結論を述べてから、それを論証していくやり方が、自分自身にもっとも合うものだと考えていたのです。

結論とは、聞き手がもっとも知りたいことであり、そこでたとえばちょっとした自分の秘密を明かすことによって、言語に魔術的な要素が付加されるものです。

魔術とは、少し大げさな表現かもしれませんが、少なくとも、話し手が自分だけの神聖なものとして心に秘めていたものが、ここだけの内緒の話だけど、というニュアンス

をこめて語られたとき、聞き手は、それが自分に伝えられることが、うれしくもあり、また心ときめくものです。

それゆえに、その秘密を共有しているうちに、いつのまにか話に引きこまれたという経験は、おそらく誰にでもあると思います。

そもそも結論とは、みんながもっとも知りたいことです。それは、やはり自分自身にとってどうでもよい事柄ではなく、それを知ることによって共感を得られ、自分のなかによろこびを見いだすことのできるものであることが重要です。

その究極の一つともいえるのが、「秘密」なのでしょう。

日常の会話のなかで、ふと相手がもらした秘密めいたこと——それは、話し手にとっては非常に大切な、人生のエピソードの一つであったりもします。

もちろん、それは本を読んでいるさなかに感じることもあります。本を読んでいて、「これを知ることができて、よかったなあ」と思うことは、大抵の場合、その書き手が綴った秘めごと、もしくは発見にあります。

直接、人から話を聞いたこと、本や手紙など文字を通じて感じ取ったことのあいだに、なんら違いは存在せず、どちらにおいても、すべての人たちが知りたいのは、そこにひそむ秘密にあるのだと僕は思うのです。

たとえば、ラブレターは、さまざまな秘密があるなかで、送り手と受け取り手の二人だけの、いってみれば小さな秘密です。けれども、相手が自分だけに伝える何かを書いて送ってくれるものだから、受け取ったときに、本当に心からうれしく感じるのです。エッセイや小説にしても、あるいはこの一冊の本にしても、自分が実際にお金を払ってでも読みたいと思い、読後、いろんなことがわかってよかったと感想を抱くのは、やはりそこに書き手自身の、あるいはなんらかの秘密が、魅力的に描写されているからではないでしょうか。

そして公然の秘密として僕たちを引きつけているのが、人気のあるツイッターやフェイスブック、ブログのページです。カウンターのヒット数が多いページの書き手は、自分の秘密（プライベート）やそれに近いものを定期的に公開していくことで、人を引きつける秘訣、コツを完全につかんでいるといえるでしょう。

日常の会話に話を戻すと、数人でふつうにおしゃべりに興じているときでも、他人の耳をそばだたせ、心を引きつけることを、誰もが自然にやっているものです。

例を出すと、「昨日、僕は友人と一緒にイタリア料理を食べたのだけど、そのイタリア料理がとてもおいしかったんだ」と僕が誰かにいったとしても、大抵の場合は「そう、それはよかったね」と、そこで話が終わるものです。せいぜい、「どこで食べたの？」とつけ加えてくる程度ではないでしょうか。

けれどもこれが、「さっきね、僕はトイレでちょっと泣いちゃったんだ」といったとしたら、おそらく「えっ、どうしたの？」という反応が返ってきます。それで僕が、実はこういう理由で——と続けたら、聞いている人間はそれこそ耳を大きくして、話の続きを聞こうとするでしょう。

人間の心理として、自分の損得にかかわらず、他人の秘密を知りたいという気持ちが、どんな人のなかにも少なからずあるものです。これから秘密を明かそうと、「ぶっちゃけ——」と話の口火を切ると、誰もが耳を大きくする——そのくらい他人の秘密めいたことには興味をもちます。

だから、「みんな、僕の話を聞けよ」ではなく「ぶっちゃけ、さあ——」といったほうが、周囲の人間は話に耳をそばだたせ、心を引きつけられます。日常的なコミュニケーションでは、このような伝える秘訣、コツをまず押さえることがとても重要なのです。

そして、賛否両論あるにせよ、あくまでも「たのしく」、聞き手を「よろこばせる」努力をすることが必要です。

この聞き手をよろこばせるというのが、フランスの人たちが議論においてとる戦法――まず結論から切り出す方法です。その結論にその人ならではの、心の内側にある感情――つまり秘密がこめられていると、話全体が一段と面白くなり、自ずと聞き手の心を魅了するものになります。

フランスの人たちは、ちょっとした会話のなかにも、エスプリをきかせるのが得意です。彼らがゲームと位置づけている議論にしても、いかに相手をたのしませるかを常に考えて進めようとします。

自分がどのように言葉のボールを投げて、返すか。またそのことによって、いかに相手をよろこばせ、面白がらせるか――。

コミュニケーションのなかに、そんなスタイルをもつ彼らは、だからこそ、自分の投げた多彩な、いくつものボールをうまくキャッチして、投げ返してくる相手を高く評価するのです。

あなたも、秘密という鍵を使えば、フランスのコミュニケーション文化という扉をうまくあけることができるかもしれません。またそれは、フランス料理でよく用いられるエルブ・ド・プロヴァンス（プロヴァンス地方で使われる、さまざまなハーブをブレンドしたもの）のように、議論のなかで、応用のきくスパイスとなってくれるでしょう。

POINT
- 議論においては、「結論から話すこと」「秘密というキーワード」が大切。
- 対話や議論は相手をよろこばせ、たのしませてこそ意味が生まれる。

人間味ゆたかに、感情を伝える

フランスの友人たちと接していて常々思うのは、彼らが自分の考えをしっかりもっているということ。そして会食の場で、ああでもない、こうでもないと、いまの日本人ならさらりと軽く受け流すようなことも、自分のこだわりをもって語ってみたり、あえて周囲の人間を巻きこんだ議論に発展させたりと、日常の何気ないことを、風味づけをして話す術にたけているということです。

その彼らの、人間味にあふれ、かつ洗練された生き方は、日本における日常の風景にも存在したものであったのだと思いを馳せずにはいられません。

実際、相手の反応を確かめながら、状況に応じて冷静かつ情熱的に振る舞い、うまく各自の意見をフォローしてまとめ上げる術を、夕暮れのなかの井戸端会議でいかんなく発揮する女性たちの姿は、日本に限らず世界各地に共通して、いまでも見られるのではないでしょうか。

そんな人間本来の欲求からくるともいえるコミュニケーションのあり方は、人生を根底で支えるものは何かについて、常日頃から探しているからなのだと僕は思うのです。

フランス人は、議論における論理的展開の巧みさを評価します。けれども、そこに人間本来の、ゆたかな情感が含まれているかどうかも、彼らが非常に重視することです。では、情感ゆたかに表現するにはどうすればよいのか。そのことについて、具体的な例を記します。

以前、『暮しの手帖』に入社したての新入社員に記事を書かせたところ、勤続歴十年の先輩編集者よりも、はるかに僕の心を打つ原稿を仕上げてきました。

そこにはいかなる情報も含まれていなくて、気のきいたものとは程遠いのですが、とにかく心をこめて書いた文章だということが伝わってきました。そこに何かを強く訴える力があるのだと、原点に帰ったような心もちにさせられたものです。

『暮しの手帖』は一九四八（昭和二十三）年に創刊された、初代編集長・花森安治による生活実用雑誌です。その花森安治が「実用文十訓」をしたため、文章を書くときの心得として書きのこしたものは、現在に至るまで編集部員に守り継がれています。

一つめは、やさしい言葉で書くこと。二つめは、外来語を避けること。三つめが、目に見えるように表現すること。四つめが、短く書くこと。五つめが、余韻を残すこと。六つめが、大事なことは繰り返すこと。七つめが、頭ではなく、心に訴えること。八つめが、説得しようとしないこと（理詰めで話を進めないこと）。九つめが、自己満足をしないこと。十番めが、一人のために書くこと。

自分の書く文章が、果たしてこの十項目を網羅しているかと考えたとき、やはり、いつになっても文章を書くのは、なかなか難しいものだと思わざるを得ません。というのも、一生という時間のなかで、常に心の成長と向かい合いながら、一つひとつ歩みを進めている僕たちにとって、日々、出会うことすべてが新しい学びであり、そのたびに気づきがあるからです。

それをどのように文字という記号を用いて表現したらよいのかと、しばしば考えるわけです。そんなときは、「実用文十訓」にいつも立ち戻るのです。

毎日、僕は会社で、最低五通から十通の手紙を書きます。それはこちらからの、何かの依頼ごとのためのものでもあれば、返礼のためのものでもあります。いずれにしても、それらは紛れもないビジネスレターなのですが、いつも書くときに意識していることがあります。

それは、すべての手紙をラブレターだと思って書くことです。つまり、一通一通、一人のために書いた大事な手紙なのだと思って書くのです。そして、巧みな文章を書くことより、いかに相手をよろこばせるかに心を砕きます。

だから、僕は決してうまく書こうとはしません。うまく書いたラブレターほどつまらないものはありませんから。

これまでに読んだなかで、おそらく世界でいちばん好きな文章は、野口英世のお母さんが、自分の息子にあてた手紙です。

息子である野口英世が医学の勉強のために渡米して、田舎に一人残された母親の野口シカさんが、どうしようもない寂しさから「早く帰ってきてくれ」と息子に手紙を書こうとします。

けれどもシカさんは学校に行っていないから、まったく字が書けない。そこで、息子に手紙を出したい一心で、村で唯一、字の書ける人に字を習うのです。

そこで書いた手紙というのが、いまの小学生が書くよりも下手な字で、間違いだらけの文章なのですが、どんなに息子のことを心配していて、早く帰ってくることを待ち望んでいるかが、切々と綴られてあって、何度読み返しても、心を打たれます。

それこそ、「野口シカの手紙」を僕の手本にしています。とくに、フランスの人たちとの会話や議論を交わすうえで、ふと思い出すこともたびたびあります。

以下に記します。

おまイの。しせにわ。みなたまけました。わたくしもよろこんでをりまする。
なかたのかんのんさまに。さまにねん。よこもりを。いたしました。
べん京なぼでも。きりかない。
いぼし。ほわこまりをりますか。
おまいが。きたならば。もしわけかてきましよ。
はるになるト。みなほかいドに。いてしまいます。わたしも。こころぼそくあります
る。

ドかはやく。きてくたされ。

かねを。もろた。こトたれにもきかせません。それをきかせるト　みなのれて。しまいます。

はやくきてくたされ。はやくきてくたされ。はやくきてくたされ。はやくきてくたされ。

いしよのたのみて。ありまする　にしさむいてわ。おかみ。ひかしさむいてわおかみ。しております。きたさむいてわおかみおります。みなみたむいてわおかんしおりまする。

ついたちにわしをたちをしております。

ゐ少さまに。ついたちにわおかんてもろておりまする。

なにおわすれても。これわすれません。

さしんおみるト。いただいておりまする。はやくきてくたされ。いつくるトおせてくたされ。

これのへんちちまちてをりまする。ねてもねむられません。

〈現代語訳〉

お前の出世には、みんな驚きました。私も喜んでおります。
中田の観音様に夜籠り参りをいたしました。
勉強はどれほど続けても、きりがないです。
烏帽子という村からのお金の催促に困っておりますが、
お前が戻ったら、申しわけができます。
春になると、みんな北海道に行ってしまいます。
私も心細いです。
どうか、はやく帰って来てください。
お金をもらったことは誰にも聞かせません。
それを聞かれると、みんな飲まれてしまいます。
はやく帰って来てください。
はやく帰って来てください。
はやく帰って来てください。
はやく帰って来てください。一生の頼みであります。

西を向いては拝み、東に向いては拝みしております。
北を向いては拝んでおります。
南を向いては拝んでおります。
ついたちには塩断ちをしております。
栄昌様についたちには拝んでもらっております。
何を忘れても、これは忘れません。
写真を見るときはいただいております。
はやく帰って来てください。
いつ帰って来ると教えてください。
この手紙の返事を待っております。寝ても眠れません。

POINT

● 頭を使うのではなく、心を使って書いた文章に勝るものはない。

礼儀とマナーを
わきまえて、はじめて会話が成立する

相手に対する敬意を言葉で表す大切さ

「とてもお忙しいところ、大変申し訳ないのですが、一つ教えていただきたいことがあるのです」

パリに行くと、僕はいつも見知らぬ人に、少しばかりていねいな言い方でそう訊ねている自分にふと気づかされます。しかしフランスでは、それがごく当たり前のことであり、さらに「お伺いしてもよろしいでしょうか?」とひと言い添える相手の心づかいを、誰もがとても大切にしているように感じます。もしあなたがフランス人に何かを話しかけたり、お願いしたりしたとき、冷たい態度をとられたり、あるいは無視をされたりしたのなら、こういった礼儀を踏まえた言い方に欠けていたのではないでしょうか。

フランス人は、礼節を重んじた言葉や態度には、相手がどんな身なりであっても、外国人であっても、とても真摯に振り向いてくれるものです。そして、そんなフランスの人たちを、僕はいつ訪れても、とてもすてきだなと思うのです。

フランスの人たちは、僕たち日本人が想像する以上に、非常にマナーを重んじています。それは、かつてフランスが、ヨーロッパの中心であったという歴史がそうさせているともいえるでしょう。

また、フランス革命によって、それまでの王政から民衆による自由共和制に政治的、社会的に大きく転換したとはいえ、実際には現在に至るまで、フランス国民のなかには階級意識が存在していると、あるフランス人が指摘していました。その是非はともかく、そのような意識も、フランスの人たちの形式美を重んじる姿勢に表れているのではないかと思います。

いずれにしても、彼らは礼儀をわきまえている人間に対しては、やはり同じように返してくるものです。こちらがフランス流の格式を重んじて、礼儀正しく話しかけさえすれば、それまでスタッフ同士の雑談に興じていた高級ブティックの店員も、襟を正し、常連客と同じように接してきます。

それは郵便局であっても、あるいは銀行においても同じことがいえるでしょう。人に話しかける、こちらが何か情報を求め、お願いする——そんな場面において、常に相手にていねいに話しかけ、教えてもらったときには一つひとつお礼を述べる姿勢が求められているように感じます。

これがアメリカ人に対してであれば、「すみません、これ、どこですか」と気軽に笑顔を浮かべて話しかければすむようなことも、マナーを重んじるフランスの人たちに同じように接すれば、素っ気ない態度が返ってくるだけなのです。

パリ滞在中に、街の通りで、よく警察官に道を訊ねるのですが、そんなときもまず「大変申し訳ないのですが、ちょっと教えていただけますか?」と声をかけるようにしています。すると、それまで無愛想に見えた警察官も、打って変わった調子で、これ以上ないというくらいていねいに教えてくれます。

もっとも、それまでに何度も素っ気ない態度をとられた経験をしていて、それは僕の訊ね方に問題があったのだなあと、あるとき思いあたったのです。

それまでは、実に気軽な調子で「すみません、道を教えてください」と声をかけていたのです。

たとえばこれがニューヨークの街かどであれば、話は違います。「ハーイ! ちょっとすみません——」とこちらが笑顔で感じよく声をかけさえすれば、忙しげに道行くニューヨーカーも、大抵は立ち止まって、こちらの訊ねることに親切に応えてくれるものです。

けれどもフランスでは、誰に対しても敬意を払い、まずきちんとていねいな言葉で話しかけることが、笑顔よりも大切です。むしろ、笑顔は時と場合によって、相手に失礼な印象を与えることもあるので、注意が必要です。

フランスの第四代大統領を二期十四年にわたって務めた、故フランソワ・ミッテラン氏は、人前で笑顔を見せることはほとんどありませんでした。また、二〇一二年五月まで第六代大統領を務めたニコラ・サルコジ氏も、やはりそうです。

もう一つ知っておきたいことに、フランスの人たちは、不必要に笑みを浮かべることをほとんどしません。笑顔は、アメリカ人には好意的であり、日本人には中立的であると映っても、フランス人には、それがときに侮蔑的だと解釈されます。

ここで「フランスの人たちは——」という表現をすること自体、おそらく多様性を重視する彼らは、よしとはしないでしょう。そして「Ça dépend.（それはなんともいえない）」と口にするかもしれません。

いずれにしても、見知らぬ人に意味もなく笑顔を見せるのは、少なくとも過去の長い歴史を通して、近隣のさまざまな文化と接触して影響を受けて形成された、自国の文化・社会的習慣に反することでもあるのです。

だから、決して彼らが傲慢であるとか、冷たい心のもち主だからというのではない、国民性だとしっかり理解することが大切です。逆に、パリの街中でニコニコと愛想よく話しかけてくるフランス人がいたら、疑ってかかっても決して間違いではないでしょう。

POINT

- 誰に対しても敬意を払い、ていねいな言葉づかいをすることを心がける。
- 人に話しかけるときは、常にていねいに。応じてもらったらお礼を述べることを忘れない。

一定のフォーマルさが要求される社会

フランスのビジネスパーソンについて、いつも僕がとても感心するのは、非常に柔軟な発想と創造性を重視している点です。周囲の人間が提案したアイディアなどで、自分がいいと思うものは、即、採用していきます。状況に応じて、積極的に新しいことを採り入れようとする向上心が常に見られるのです。だから、本当に人の話によく耳を傾けます。

僕の友人に、フランスでカルチュア雑誌をつくっているフランス人男性がいます。一見、クールで、あまり笑わない人なのですが、しょっちゅう、自分たちの手がけている雑誌について、僕に感想や意見を求めてきます。

それで僕は、そこでも彼の質問に一所懸命応えて、自分が感じたことや、新しいアイディアを出すのですが、彼はそれがたとえ自分たちにとって否定的なものであっても、いいと思ったことはすべて採用するのです。

こちらの態度しだいでは、素っ気ない態度をとることもあるのですが、それだけで判断できない部分があります。

おそらく、現状に甘んずることなく、絶えず自分たちのつくっているものを見なおして、ときにはこわすこともいとわず、なんらかの進歩を生み出そうという意欲があるのだと思います。

「クール・ジャパン」と呼称される日本のアニメやマンガなどが、フランスの幅広い層に支持され共感を生んでいるのも、フランス人が、新しい文化を取り入れることが未来の伝統を創造するのだという感覚を無意識のうちに抱いているからかもしれません。

またフランスでは、純粋に文化的価値を創造することに携わっている――アーティストやクリエーターといった――人間が、高く評価される傾向にあります。

先述した雑誌をつくっているフランス人の友人も、彼のクールな対応だけで判断しないで、彼自身をよく理解したうえでコミュニケーションをとっていくと、距離感が縮まって、非常に親密な人間関係を培っていけます。

最初からなれなれしくされることを、フランスの人たちはきらいますが、ある一定のフォーマルな態度で接し、相手への理解を深めていくと、人によって程度の差はあるものの、概ね親しくかかわろうとする相手には心を開いて、深く接するところがあるようです。

ある意味では、人間心理への洞察的感性が非常に発達しているといえるかもしれません。そんなところから、どこかシニカルな視点をもった文学や映画などが生み出されるのでしょう。

自由主義を重んじるフランスの人たちは、自由であることの前提として、一定の規律や義務を守る必要があるとの姿勢を保持しています。

つまり、フランスにおける自由とは、日本人が考えているものとは異質ともいえ、義務という代償を伴うとの意識が強いのです。

やはり、「なんでもあり」なのではなく、マナー、礼儀をしっかり身につけ、一定の規律を重んじてこそ、自由を獲得できるのだと僕は解釈しています。

POINT

- 現状に甘んずることなく、絶えず自分たちのつくっているものを見なおし、なんらかの進歩を生み出そうという意欲が重要である。
- 「規律や義務」を前提にしてこそ、真の自由な発想は生まれる。

フランス語に慣れ親しみながら、文化的教養を高める

たとえば、フランスの詩を暗誦《あんしょう》してみる

フランスの人たちとの会話や議論のなかで、いったいどうしたら情感ゆたかに、彼らの重視する論理性をもって、聞き手の内側へ緩やかに入りこむ話の展開ができるようになるでしょうか。

「伝える」力は、文章力と大きくかかわっています。相手に伝えることと、相手から伝えられること——つまりお互いの話の「思考」によって、会話が成り立っているからです。

母国語以外の言語を習得しようとするとき、自分の心に浮かんだことを理解し、表現

できるような普遍的法則を導き出し、そしてそれを、周囲の人たちが用いている話し方と合わせようとすることが必要です。もっとも理想的なのは、その言語を話す国や地域に行って、口、耳、眼を総動員させ、とにかく「よく話す、よく聞く、よく見る（観察する）」ことです。これは、言語のシステムを脳に取りこむために必要であるという説もあるようです。

僕は、英語と同様に週一回、朝一時間のフランス語の個人レッスンを続けています。会話中心で、教材はいっさい使っていません。

先生は、友人に紹介された僕より年上のフランス女性で、辞書を使わないで話すようにといわれているので、容赦なく話しかけられるなか、自分の知っている範囲の単語で一所懸命に考えて、なんとか応えています。すると、先生が僕のいったことをその場でていねいに訂正してくれるのです。

まだ初級レベルなので、あいさつやフランス語の決まり文句、日常のコミュニケーションでよく使われる、基本的ないいまわしなどを自由に使いこなせるように、徹底して磨かれています。

そのような日常会話における基本的な知識を確実に応用できるようになったら、フランス語を話せるといってもよいレベルに達するので、その時点で、映画など文化的な話題について事前に調べて、互いにやりとりする内容に切り替えることになっています。先生が日本語を話さないので、フランス語での会話レッスンを進めながら、英語でも話しています。非常に教え方の上手な先生なので、とてもたのしく、学ぶことによろこびを感じながら、いつもレッスンを受けています。だから、通常の個人レッスンの料金よりもやや高めですが、それだけの価値があると思っています。

個人レッスンが、語学スクールに通うよりも効果的かどうかは、人によるかもしれません。けれども目的が明確にある場合は、最初から一定期間、集中的に個人レッスンを受けたほうが、結果的には十分な時間を確保できるため、確実に身につくのではないでしょうか。

もっとも僕の学ぶきっかけは、ささいなものでした。たまたま同年代のフランス人の友人ができたからです。しかしこうした動機だけではなかなか継続できないかもしれません。

そのために必要なのが、自分のなかのモチベーションを高めるということ。どうして自分はフランス語を学びたいのか——そこまでは誰もが考えることですが、さらに一歩、踏みこんで、フランス語を自分がどのように生かしたいのかを具体的に考えること。それがたのしく、面白く継続して学ぶ秘訣なのではないかと思います。

中長期的な目標を立てて、それを達成するために、常にモチベーションを高く保つ努力をすれば、単語一つ覚えるにしても、わくわくするものなのです。

フランス人の友人と会話するなかで、議論を戦わせて、より親密な人間関係を築く。フランス語で詩やエッセイを書いて、一冊の本にまとめる。現地のフランス料理学校に通う。

そんなふうに、自分の目標をより具体的に、少し高めに設定してみましょう。そのうえで、文法の基本や重要表現を一通り覚える以外に、自分が深めたい知識がなんであるかを考えてみるとよいと思います。

たとえば、フランスの子どもたちは、エコール・マテルネルでさまざまな詩を覚え、それを暗誦させられます。日常的に接することで、脚韻を踏むフランス詩の、美しい語感やリズム感を身につけ、言葉を大切にすることを学ぶのです。

また小学校では、シャルル・ボードレールやジャック・プレヴェール、ポール・エリュアールなど著名な詩人のなかから好きな詩を選んで、それこそ情感ゆたかに暗誦することが求められます。フランス人の友人との会話のなかで、ボードレールのすてきなワンフレーズがさらりと出てきたりして、そのたびにうれしくなります。

プレヴェールも、フランスの人たちがとても好きな詩人の一人で、「ジャック・プレヴェールの本が好きだ」などと口にすると、非常によろこんで、「何を読んだのか？」などと矢継ぎ早に質問してきます。

だから、深い知識をもっていないと、プレヴェールが好きだなどとは、とても口にすることはできません。

けれども、フランス語の勉強のために、たとえばプレヴェールの詩を覚えて、暗誦してみるのもよいのではないでしょうか。そしてそれをフランスの人たちとの会話のなかで、さらりとフランス語で口にしたら、とてもすてきなのではないでしょうか。

『フランス名詩選』（安藤元雄・入沢康夫・渋沢孝輔編　岩波文庫）は、原詩・日本語訳対照の、読みやすい一冊です。このなかから好きな詩人の作品を見つけて、暗誦してみるのはいかがでしょう。

フランスにおいては、映画にしても音楽にしてもなんでも、とにかく文学的なのだと感じます。それらは日本におけるような、エンターテインメントという位置づけにはありません。常に、生と死という、永遠のテーマがそこにこめられているようです。

最近、NHKのラジオ講座のプログラムが、昔と比べて、非常に面白いつくりになっているると感心しました。ゴダールの映画を題材にしているプログラムもあり、こういうものを、中学校の語学学習に取り入れたらよいのにと思いました。テキストブックも、とてもビジュアル感が出ていて、聴き取りやすい工夫がなされています。

YouTubeを活用して、さまざまなフランスの映像を見ながら、フランス語の発音を確認するのも、たのしい勉強法の一つです。フランス語を学びながら音楽・文学、映画、美術など一通り、眼を通したり、読んだりして文学的教養を身につけておくとよいのではないかと思います。

フランス語の勉強の一環として、フランス語版のフランス料理の本を活用するのもおすすめです。出てくる単語がほぼ同じで、簡潔な文章にまとめてあるので、とっつきやすいと思います。概して、料理書は命令形で書かれてあるので、比較的わかりやすいと思います。

POINT

- 外国語を学ぶには「自分の目的」を設定することが何よりも大事。

言葉の紙芝居で文章力を身につける

フランス語を習得する前に、まず日本語による文章力を鍛えるべきといったら、いつまでたっても自分はフランス語習得に至らない、などと思う人もあるかもしれません。けれども、僕の提案する方法はとてもかんたんです。誰にでも実践できることです。

子どものころ、誰もが一度くらいは、紙芝居をつくった経験があるでしょう。真っ白な画用紙を何枚も用意して、表にはクレヨンや色鉛筆などで絵を描き、裏側に物語を綴っていきます。

そして完成したら、みんなの前で、「むかし、むかし、あるところに」といって、一枚めくり、次に「おじいさんとおばあさんがいました」といって、また一枚めくる——そんな経験をしたことを覚えていないでしょうか。

同じような要領で、自分のなかにある「伝えたいこと」のプロットを、小さなメモ用紙に一枚一枚書いていくのが、僕流の、言葉だけの紙芝居です。

その作業によって、頭のなかで、自分の伝えたいことのプロットがしっかりとイメージされたうえで整理されるので、論理的な思考法を鍛えるには打ってつけ——文章力も身につきます。

伝えたいことは、「はじめ」「まんなか」「おわり」の三つの物語に分けて考えます。肝心なのは、一枚のメモ用紙に書く文字量をできるだけ少なくすること。一枚目に、短い簡潔な文章で伝えたいことの一部分をまとめたら、二枚目を手にして、そこにも同じように書き綴ります。

そうやって、幾枚かのメモ用紙を使って、「はじめ」の物語を書き終えたら、次は「まんなか」の物語、そして「おわり」の物語——というように、順序よく進めていくのです。

そうやって、三つの物語を完成させたら、すべてのメモ用紙をテーブルの上に並べて整理していきます。このときに、最後に書いた「おわり」の物語を最初にもってきて、「おわり」「はじめ」「まんなか」、あるいは「おわり」「まんなか」「はじめ」と組み合わせる順序を変えて、一つの大きな物語の流れができているかを確かめるのです。

あとはこの言葉の紙芝居を使って、面白いと思われるように相手に伝える力を養うだけです。

ここで完成した日本語による紙芝居を、辞書を使いながらフランス語におきかえてみるのもいいかもしれません。一枚に数行程度書き綴った、短い物語の紙芝居なら、少しずつ書いていけば無理なくまとめられそうです。

フランス語の個人レッスンを受けている人なら、この言葉の紙芝居を使いながら、フランス人の先生との会話をしてみるのもよいかと思います。フランス語の訳文に、英文を併記しておくと、より使いやすくなるでしょう。

言葉の紙芝居で「はじめ」「まんなか」「おわり」の三部作をつくることに慣れてきたら、今度は、実際にメモ用紙を使うのではなく、自分の頭のなかで、紙芝居をつくることに挑戦してみます。

そうやって、自分が相手に何かを伝えるときに、いつも頭に紙芝居を思い描くようにするのです。また、相手から伝えられたことを「はじめ」「まんなか」「おわり」に分けてみると、さらに伝える力が身につきます。

伝える力の基本になるのは、文章力――そのことを忘れずに、挑戦してはいかがでしょうか。

POINT

●語学の基本となる「文章力」を〝紙芝居〟で身につける。

●言葉の〝紙芝居〟で、「はじめ」「まんなか」「おわり」の三部作をつくり、相手に〝伝える力〟を養っていく。

PART 3　你好

「ニーハオ」の章

人として守るべき道を、
客家の教えから学ぶ

現代に生きる中国の人たちが失った、大切なもの

他人へのいたわりよりも自己保身に走る人々

僕が客家《はっか》出身の老年の実業家と出会ったのは、偶然といえば偶然であり、けれども、人を通じて知り合ったその人物とは、心の奥底で深い縁を感じてもいます。

ずいぶん前から、中国の思想家である孔子（紀元前五五一～紀元前四七九年）の智恵など、古代中国の哲学に深い興味をもっていました。そこで約十年前に、すでに上海を拠点としてホテル事業で成功をおさめていたK氏に、最初の出会いのときから、さまざまな質問をしたものです。

するとK氏は、どうして日本人である僕が、中国の人々の心からもはや失われたともいえる、中国の文化思想に興味をもっているのかを不思議がりながらも、

「本来、中国人が学ぶべきことを、きみが関心をもって学ぼうとしているのはうれしい。自分は客家の哲学をとても重んじているけれど、いまの人たちは、かつて中国にゆたかな文化が存在していたことすら、すっかり忘れてしまっている。実に嘆かわしいことだと思う」

と僕にいって、僕の疑問に思うことなどについて、快く応えてくれました。

それ以来、僕の父親と同じくらいの年代にあるK氏とは、親しくおつきあいをさせていただいています。

最近、そのK氏と会話で交わしたのが、「いまの中国人に欠けているものは何か」ということです。そして彼が真っ先にあげたのが、「真心」でした。また、人として正しい道を行うこと。それから礼儀にも欠けていると語りました。

もともと、中国には伝統的な道徳や価値基準がしっかり人々の心に根づいていた。ところがいまは、それらがいっさい、失われた状態にあるというのです。

「とにかく自己中心的であり、自分の利益しか考えていない。それから、風水以外、何も信じていない。それがいまの中国人の姿だ」

すべて風水に結びつけて、ひたすらお金もうけに走る。それが現在の中国の実情だというのは、おそらくご存知の方もいると思います。

中国の社会は、想像以上に複雑です。約十三億の人民のうち、約四億人が事業家や都市生活者であり、彼らが主たる納税者であるといわれています。また中国では、二〇〇六年に農業税が廃止されて以来、農民には直接税が課せられていません。このような農民を中心に「二等公民」と位置づけられる人々が、約八億人いるそうです。

今日のような経済発展を遂げながら、複雑な社会にあって、現代の中国の人たちの多くは、他人の命よりも、自分のメンツを第一に考える傾向があるようです。中国人同士であればともかく、自分の社会の外側に属する人間には、何をしてもかまわないという流儀が、まかりとおっているようなのです。

そこには、本来、大切にしていたはずの、他者へのいたわりは存在せず、ただ自己保身に走る人々の姿が浮き彫りにされます。

POINT

- 中国ではかつて道徳や伝統的な価値基準が人々の心に根づいていた。
- 中国の「過去」を知ることが、日本人と中国人の〝歩み寄り〟の第一歩。

品性を保ち、不義や不正を避ける心情が必要

人には、誰もがもっている欠点があります。しかしそれは、一定の倫理的規範や規律を守ろうとする心によって補われ、それによって、円滑な人間関係や社会の秩序は保たれるものです。

『論語』のなかに、「礼《れい》を学ばざれば、以《もっ》て立つことなし」という語句があります。礼は世に立つ根幹であり、これを学ばなければ、人として世に立つことはできないという意味です。

けれども、現代の中国においては、礼（規範）や規律そのものを軽視する、あるいは最初からないものとする傾向が見られるようです。時間を守らないのもその一つです。

そして、仕事においても、一定の規律を守らない傾向は顕著であり、できるだけ完璧にこなそうという意欲の代わりに、なんらかの問題が起きたときのために、責任転嫁できるものを必ず残しておく、あえて不具合のあるものをつくるのだとK氏は語ります。

あらゆる道徳観念、伝統的価値観が消失した現在、古代より培ってきた中国の、すばらしい智恵や知識なども通用しない社会になって、ただ人間のもつ欠点ばかりが表出し

ているのが、いまの状況なのです。

しかしこれは、一部の中国の知識人だけが共有する問題意識ではなく、一般の人たちにも、テレビや雑誌などのメディアを通じて伝えられていることです。一例をあげると、「女も男も狼（lâng　ラウ）」という文句がよくメディアに取り上げられているそうです。

古代の日本に、オオカミ神話が存在し、『日本書紀』には「かしこき神（貴神）にてあらわざをこのむ」と、オオカミのことを表現する記述が見られます。宮崎駿監督による長編アニメーション映画『もののけ姫』には、モロの君という犬神（山の神、オオカミ）が登場します。そして、かつてアラスカの先住民たちにとっても、オオカミとは聖なる存在でした。

ただし、中国やヨーロッパなどの牧畜を行う地域では、貴重な家畜をおそう獣として、オオカミをいみきらう傾向にあったようです。

中国から日本に伝わる「狼」を使った語には、「狼驕《ろうきよう》」「狼貪《ろうたん》」「狼疾《ろうしつ》」など、実にさまざまな表現があります。ちなみに狼驕は、おごりたかぶって、君命にさからうこと。また狼貪とは、オオカミのようにむさぼること。そして狼疾とは、心の乱れたことをいいます。

つまり、「女も男も狼」とは、現代の中国の人たちは男女問わず、心乱れた状態にあり、他人のことを考えずに、自分の立場ばかりを守ろうとしていることを揶揄した表現なのです。

とにかく、仕事や人間関係において、平気で人を裏切り、また人を欺いてでも、お金もうけをしようとたくらんで、なんらかの利益を得ようとする——ほとんど詐欺まがいの行為が横行しているようです。いまの時代、僕らはそういった中国人たちとも渡り合わないといけないのです。

天の摂理を知り、不義や不正を避ける心情が、いまの中国の人たちの多くに欠けているようです。財や名声を求める思いは、人間なら誰しも少なからず備えているものなのでしょうが、己の欲望にとらわれている限り、将来の発展は望めないと思います。

とはいえ、経済と政治が連携している中国では、たとえ経済力をもてたとしても、社会的地位を獲得するチャンスをつかむことはほとんどできない——そんな思いが多くの人々を、善悪を知る人間ではなく、荒々しいオオカミのような行動にかりたてているのでしょうか——。

POINT

- これからは、〝現代の（狼）中国人〟と渡り合う必要があるということを覚悟する。
- 古来の思想が消えつつある中国と対峙するにはどうしたらよいか考えよう。

「人としてどう生きるか」を考えることが、本来の学問

人間学を学び、自分の人生を変えていく

本来、中国において「学問（文学）をする」とは、人間学を学ぶことを意味する。

この話をK氏から聞いたとき、僕はなるほど、と思ったものです。僕自身が、老荘思想や孔子などの教えについて独学し、関連する本を熟読しているため、それらの本質を知りたいとかねがね思っていたからです。

中国では、人間としてどう生きるか、いかに争いごとを避けたらよいのかなどを知ることが、長く学問として重んじられてきた経緯があります。

そしてたとえば、中国および東洋の社会の根底に脈々と流れる老子や荘子の思想が、近代におけるヨーロッパ思想に多大な影響をもたらしたことは、周知の事実です。

一八五九年のパリに生まれたアンリ・ベルクソンが、最初は近代科学の伝統を礼賛し、数学と物理学を志向していたにもかかわらず、科学から哲学へと転向したのも、おそらく、「あらゆる実在が時間と継続、生成と変化である」ことを、世に知らしめるためだったに違いありません。

そしてその背景にあったのが近代科学の発達で、数学と機械学が優勢になり、また需要の促進化によって、産業と物理学が相互に刺激し合った結果として、科学が哲学の手本になった、近代ヨーロッパの流れに拮抗する動きでした。

スイスの心理学者・ユングは、「中国人はあらゆるものを包みこんだ意識をもつ」と分析しました。しかしそんな意識を内包しながらも、やはり人間の性として、対立物の感情や衝突を避けることはできない。そこで、ドイツの哲学者・ハイデッガーは、高度な行為とは、対立物としての人間の策謀など、あらゆる行為から解放されることだという考察に至ったのです。

そしてそれはそもそも、老子のいうところの、「道」そのものへ戻ること――ものごとが生み出される以前の、原初の状態に、この人生において到達すること――を意味するのであり、つまりは、「意識的生活における達成」という言葉で表現されるものだと思うのです。

いまの中国の社会で見られる現象は、ある意味では、対立物としての、感情や衝突の表れとも受け取ることができるでしょう。

一方、戦後日本の社会は、それこそ焼け野原から出発し、高度経済成長を経験することで、大きな社会的変動を遂げました。そして一九八五年のG5プラザ合意による円高化が引き金となって「バブル経済」へと突入。その後、一九九一年ごろから勢いを失速して、現在に至っています。

現在の中国は、その体制やおかれている状況こそ異なりますが、かつての日本が経験したような経済成長を遂げて、いま、アジアでもっとも存在感のある国になりました。しかしそれに伴う急激な社会変動が、拝金主義にとりつかれた人々による極端な感情の噴出や、公害など、さまざまな行為を生んでいるのも事実です。

僕たち日本人も、人として生きていくうえで、守るべきものを失ってしまったとき、よくない面ばかりが表出することになりかねないと危惧せずにはいられません。

本当に大切にするものは、物質的ゆたかさの追求ではない。そう聞けば、そんなことはよくわかっている。それに、それはお金をもっている人のいいぶんだと、異議を唱えたくなる人もいるかもしれません。

困窮することを実感として知っている人間にとって、自分の生活を支障のないものにすることがすべてであって、それ以外のことは、法に抵触しなければどうでもよいこと。そう考えるのが、自然なのかもと。しかし、そこに真の、人としての誇りはありません。

そもそも、欲望を刺激するものを必要以上に見なければ、混乱する心は存在しないものです。たとえ、混迷をきわめた暗闇のなかにあっても、一筋の光を求めて、手探りで前進しようとする勇気が、自分たち一人ひとりに求められているのではないかということについて、いまは、しばし立ち止まって考えるときなのではないでしょうか。

すでに社会的、経済的に成熟期に入っている日本がいま果たすべき役割は、アジア全体の発展のために技術提供などを行い、経済的に立ち遅れている国、地域のインフラ整備に尽くすことなのではないかと思います。

そして、繰り返すようですが、個人レベルでは、「人としてどう生きるか」について、中国古来の智恵に学び、人間としてのゆたかさや魅力を身につけることが大切なのではないかとも思います。それらの貴重な智恵は、きっとグローバルに仕事をしていくうえでも、また長い人生における変化、変容にうまく対処するのにも、役立ってくれるに違いないのですから。

POINT

- 日本がアジアの発展に尽力する立場にあることを自覚する。
- 中国古来の思想で学ぶべきことは、すなおに学ぼう。

円滑な人間関係を築くための十カ条

「本来、中国人の備えていたよいところで、知っておくべきこと、学ぶべきことは、何でしょうか？」

僕がK氏に訊ねると、彼はいくつかの項目をあげてくれました。

まずは、社会の基本単位である家族をもっとも大切にすること。これは中国伝統の価値感でもあります。

次に、行動する前に熟考すること。よく考えてから積極的に行動することで、間違いをなくすことが大事だということ。決して、考える前にまず行動ではないのです。

そして、「人間学」を学ぶこと。中国はもともと貧富の差が激しく、エリートの家に生まれてくる人はほんの一握りにすぎません。

大多数の人間が、非常に貧しいなかで、とにかく知力と体力の限りを尽くしてひたすら学ぶことでしか、周囲の状況から逃れることができない。そこで、必死に勉強することで自分の人生を変えようという強い信念をもって努力する人が多いといいます。

貧しい家に生まれながら、経済的成功をおさめた人は、一度心に決めたことはあきらめずに取り組み続け、いつかきっと成功させるという気概に満ちている。それは、もちろんK氏も例外ではなかったようです。

それから、バランス感覚をもって対人関係をこなすこと。中国には円滑な対人関係を築くための十カ条があり、成功している人の多くが実践しているようです。そこでその十カ条をかんたんに紹介しましょう。

一、用事がなくても、ときおり人を訪ねて声をかける。
二、ときどき、親しい人に心をこめた贈りものをする。
三、手紙でも携帯メールでもよいから、頻繁に連絡を取り合う。
四、会えるときに、できるだけその人に多く会うようにする。
五、何かの集まりや会合には、できるだけ参加する。
六、結婚式や葬式など冠婚葬祭には、必ず参列する。
七、何かあれば自分を犠牲にしてでも助け合う。
八、互いのよいところを存分に活用し合う。
九、決して人の悪口をいわない。
十、友人を何よりも大切にする。

この十カ条以外にも、中国全土で、人々が大切にしているのが、言葉づかいに気をつけること。中国の人たちは、もともと、言葉づかいがとてもていねいなのです。

それから、他者への思いやりをもち、こまやかな気づかいをすること――。

つまり、本来、中国の人たちのよさとは人間味ゆたかなところにあるのです。それに加えて、ジョークを飛ばすことも多く、親しみやすさと愛きょうがある国民性なのです。

実際、中国の人たちは、話し好きで、冗談が大好きですから、とにかく、ダジャレのようなジョークをよく飛ばします。また、どこか豪快なところがあるように思います。たのしいことが大好きで、おいしいものを食べたり飲んだり、たのしく遊んだりします。ぜいたくというよりは、たくさん稼いだお金を、〝遊び〟で使い果たしてしまう――なんとも滋味のある、大陸的なおおらかさではないでしょうか。

そして、中国人は、それがよいのか悪いのかの判断はともかく、自分たちがとにかくなんでも世界一だと、心から思っていること。これはよく知られていることかもしれません。けれどもそれは、かつてユーラシア大陸における一大帝国を築き上げたという歴史を誇りに思う気持ちがいわせることでもあるのです。

食から文化思想に至るまで、自分たちが世界一であるという自負心がとても強い中国の人たち——。だから、いつも自分たちはすごいのだという、明るい自信に満ちている人が多いのかもしれません。

POINT

- 〝自国の歴史〟を誇りに思う中国人の国民性を知る。
- 中国人のパワーや明るい自信を参考にしてみる。

「東洋のユダヤ人」といわれる客家の教えに学ぶ

愛きょうのあることが、ビジネスにおける成功の条件

ひと言で中国人、といっても、実際にはさまざまな民族から構成されています。僕が親しくさせていただいているK氏は、漢民族の流れを汲む、少数民族である客家の出身。客家といえば、中国社会のみならず、シンガポールやタイ、インドネシアなど華僑社会に強力なネットワークをもち、すぐれた財界人を多数輩出していることからも、「東洋のユダヤ人」と形容されることが多い人たちです。また、台湾の元総統である李登輝氏、政治家の鄧小平氏や孫文氏も客家人です。

K氏は上海の出身ですが、もともと客家人の多くは、広東省や福建省、江西省の山岳地帯に住み、なかでも福建省の一部客家人の住まいである「福建土楼」は、二〇〇八年

にユネスコの世界遺産に指定されています。

この客家の教えにも興味を抱いた僕は、以前からK氏にいろいろと話を伺っていましたが、そのなかにビジネスに成功する人の条件というものがあります。

その条件とは、「愛きょうのあること」なのだとか。真面目であることとか、頭のよいことではないのです。むしろ、頭がよくても、そのようには見せない。あえてジョークをいってみたりして、少し抜けているように振る舞うのだそうです。

つまり、「この人、ちょっと抜けているなあ」という印象を相手に与えるくらいがちょうどよく、そのほうが、中国では他人に好かれるのだといいます。他人に好かれなければ、ビジネスで成功することはできないため、非常に賢い人でも賢さを表に出さないのが、客家人の流儀なのです。

それは『詩経』の「錦を衣《き》て褧衣《けいい》す」という教えにも通じるものがあるようです。「褧衣」とはうすぎぬのこと。錦を着る際には、その上からうすぎぬをはおって、錦の美しさを表に出さないようにする。つまり、自分の徳や深い知識などを表面に出さないのがよい、という意味です。

少しニュアンスが異なりますが、お金もちであることをひけらかさないのも、他人に好かれることの一つとしてとらえているようです。

「自分のサイフの中身を他人に見せてはならない」とK氏は僕に語ったのですが、つまりそれは、自分がお金をもっていることを人に知られてはならないということ。だから、買いものや食事をしてお金を払うときも、お金もちだと思われないようにしなさいといわれました。

僕の知り合いに台湾の資産家がいますが、会うときは大抵、白いランニングシャツに短パン姿で、足元はビーチサンダル。たったいま、ベッドから起き出してきたといわんばかりのいでたちで、しかも、いかにも現地の人らしく、大きなおなかを前に突き出していて、それがまた、なんともいえない愛きょうにつながっている。それで冗談をいってみたりするから、さらに愛きょうが増すのです。

台湾に住んでいる人も、上海に暮らす人も、資産家で優秀な人は、簡素なものを身につけていて、一見、そうだとはわかりません。親しくなって、いろいろと話を交わし、自宅に招待されてはじめて、そうだと判明します。

お金をもっているからこそ、身につけるものはできるだけシンプルにし、ライフスタイルにおいても、表に出さない——それは美学であると同時に、古来伝わる智恵でもあるのです。

むしろ、中途半端にお金をもっているような人が、高級車に乗ることを好み、高い服を着たりするようです。もっともこれは、中国に限らず、世界に共通していえることなのかもしれません。

「愛きょうのあること」がビジネスで成功する人の条件であるのは、少数民族として、できるだけ目立たないようにすることで生き抜いてきた、客家ならではの智恵ともいえるように思えます。そして、人は好きな人を応援し、好きな人の幸せを求めるという人の原理を彼らはよく知っているのです。

人はその本性として、頭のよい人間を尊敬する一方で、警戒心を抱くものです。というのも、悪事を働くのもまた、頭のよい人間であって、逆にそうではない人間には、そのような悪知恵すらわいてこないものです。また、自分より経済的に恵まれたものに対しては妬ましく思い、ときにはその思いを悪意や恨みにまで発展させて、隙あらば奪ってやろうという邪心を生じさせることだってあるからです。

「よい馬は人に乗られる」という客家のことわざがあります。よい馬とは才能のある人をさし、そういう人ほど他人に使われるというのが、直接の意味だとか。そこには、「人のよい人物は、人にあざむかれる」という別のいいつたえもかかわってきますが、結局のところ、才能のある人、優秀な人をうまく使って、自分が成功しなさいという教えでもあるようなのです。

「操る側と操られる側」――そう考えると少し怖い印象を受けますが、客家人同士、またそのなかでも、とくに親族同士であれば、お互いに深い信頼関係にあるのが、客家の人々です。円楼や方楼の集団住宅には、何世帯もの人々がともに助け合って暮らしていますが、それぞれの部屋には、鍵をかけないといいます。

かんたんに他人を信じると、自分の命すら危うくなるという状況下で生きてきた大陸の歴史をもつ民族ならではの哲学ですが、いまの日本人も学んでおきたいことの一つなのではないでしょうか。

人を信じるということは、信じたことによって生じたすべての結果に対しても、自分が責任を負うということを意味します。だからといって、人を見たら、すべて悪人だと疑えとはいわないまでも、これだけグローバル化が進行しているなかでは、日本国内でも、他人を信じることには、これまで以上に慎重になるのが賢明だと思います。

とくにビジネスにおいて大事なのは、心から信頼できる味方で周囲を固めること。とはいっても、ときには腹心だと信じていた身内の人間に裏切られることだってある。裏切るのは他人ではなくいつも身内の誰かである。これも必ず覚悟をしておくようにとK

氏に教わりました。そう肝に銘じておきたいものです。

POINT

- 「ときには少し抜けているように振る舞う」「お金があることを人に見せない」中国人の処世術に学ぶ。
- 少数民族であったがゆえに「目立たないこと」で成功をおさめた客家の姿勢に学ぶ。

ものごとをはじめる前に、まずよく考える

「何をはじめるかを考えることに、もっとも多くの時間を費やす」ことも、ビジネスで成功する人の条件だとK氏はいいます。いったんものごとをはじめると、考えている時間がどんどんなくなっていく。したがって、これからはじめようとしているものごとの全体像を見通したうえで、状況に合わせて駒を進めることが非常に大事だというのです。

最初にどれだけ全体像を見通せるかで、ものごとの勝敗は決まるとも理解できるでしょう。無謀なチャレンジをして、ただ体をフル回転させて仕事をしているだけでは、成功は望めない。まずは慎重に考えることによって、富は生じるということでもあります。

そしてこれは、もっとも大事なのはアイディアを練ることと計画を立てることであり、新しいことを考え、頭脳をフル回転させたあとは、それこそ信頼のおける優秀な人間に任せるのがよいという考え方につながります。

とはいっても、もちろん、すべてを相手に委ねてしまうのは考えものです。知らないまに操られる側に陥っていたということのないように、自分で管理を怠らないのは、基本中の基本です。

また、K氏は、「大義名分を大切にする」ことも、条件の一つに加えています。つまり、いま、自分がやっていること、あるいは、これからやろうとしていることはいったい、なんのためなのか——それは、錦の御旗が必要だということ。

たとえば、客家の考える大義名分とは、自分の周囲にいる人たちを幸せにすることです。周囲の人たちにゆたかさをもたらしていくことによって、自分も幸せになる。つまり裏返せば、自分が幸せになる方法とは、自分を含め、まわりの人たちを幸せにすることなのです。そのような〝周囲の人たちを幸せにする〟という大義名分があれば、必ず自分を助けてくれる人が現れるから、声を大にしていうことが大切なのだそうです。

それから、「準備のないところでは、幸運もリスクに変わる」ことを肝に銘じておくことも大切であるとK氏はいいます。つまり、何事も準備万全にしておくべきであり、準備が整っていないところにチャンスが訪れても、それはその人にとってリスクに変わるというのです。

この客家の教えに近い語句が、『易経』の「時を待ちて動く」。時期を待って、好機をとらえて行動する、という意味で、そもそもは、君子たるもの、その時期が来るまで必要な準備をして、才芸を身につけておくことが成功する道である、という文脈のなかで用いられているものです。

だからこそ、時間を大切にして、時間に追いかけられるのではなく、自分が時間を管理することが重要になるのです。そこで僕は、年のはじめに一年の計画を立てたら、次に一年を三カ月ごとの四つに区切って、それぞれの目標を設定しています。そして、常に頭のなかに、三カ月先までの仕事のスケジュールがしっかり入っている状態にしておくのです。

また、一日ごとの時間割をつくることも大切にしています。そうやって、意識しない空白の時間を過ごすことを極力避けることで、それこそ時間に好かれる人間になるように努めています。

ほかにも、小さい約束ほどきちんと守ることが大切だと教えられました。それはいうまでもなく、時間を正確に守るということにもつながります。

重要な約束は、誰でも守るもの。けれども、おろそかにしがちな小さな約束もしっかり守ることで、人から信用され、信頼関係が築かれるものだといいます。自分にとってはほんの小さな約束であったとしても、相手にはそうではない場合だってあるのです。相手の立場に立って、小さな約束も誠実に守りたいものです。

POINT

- 周囲の人たちをゆたかにすることで、自分も幸せになるという客家の教えに学ぶ。
- 何事も準備万全にしないと、幸運もリスクになることを心得る。

周囲の人との信頼関係のなかにこそ存在する、幸せの核心

家族を大事にし、先祖を敬う客家の哲学

客家の人たちがとくに大切にしているのが、家族を大事にし、先祖を敬うことです。これは中国伝統の祖先崇拝が根底にあっての考え方ともいえますが、自分たちの先祖の重ねてきた徳があってこそ、いまの自分が存在していることに対して感謝する気持ちが大切であるとの客家の教えには、あらためて考えさせられます。

客家人の先祖は、幾多の困難をも乗り越えて、乱世を生き抜いてきた。それがなければ、現在の自分たちは存在しない。だからこそ、先祖への感謝の気持ちを常に抱くことが大切なのだとK氏は語ります。逆に、客家人は、家族や先祖を敬わない人間を信用しないともいいます。また、そのような人間は、本当の意味で成功することがないとも。

先祖が積み重ねてくれた徳があってこそ、いまの自分たちの平和や幸せがあると感謝するべきなのです。

そのような客家の考え方に共感を覚え、僕は年に六回のお墓まいりを、家族全員での大切な行事にしています。僕と妻の先祖それぞれに、年に三回ずつ。朝早くに出発して、一日がかりの大仕事になりますが、ここ十年ほど欠かしたことがありません。また、自宅の部屋の棚の上に、自分の祖父の写真をおいて、毎朝、手を合わせて、あいさつをするのを日課にしています。もちろん年老いた両親の世話も何よりも大切に考えています。僕たち日本人もまた、日々、幸せに暮らしていることを――少なくとも現在、生かされていることに対して――いつも自分たちの先祖に感謝したいものです。

また、お金の使い方にも上手になるべきだと教えられました。

「お金を働かせなさい」とK氏はいいます。

毎日、自分のお金が働いている状態にする。つまり、上手に使うということなのです。社会のために投資する、あるいは、将来の自分の経験に生かせる何かに投資する。それがいずれ、必ずよいものになって自分に還ってくるという考え方が、そこにはあるようです。したがって、ただ目先にある、自己中心的な欲望を満たすためだけにお金を使うのでは、それは投資とはいえないと考えなおしたほうがよいかもしれません。

ビジネスにおいては、世の中の動向の変化や新しい流行などをしっかり研究することで、長期的な予測をある程度まで立てることが可能です。そのうえで、どこにビジネスチャンスがあるのかを考え、そこにお金を投資することは、客家人のいうところの、お金が働いている状態なのでしょう。

いずれにしても、お金は社会のものであり、私物化するものでは決してないのです。ただ自分のところにためこんでいるだけでは、いわばせき止められたダムのようなもので、お金本来の用をなしません。流れをせき止めることなく、ふたたび社会へと還流させるためにも、賢いお金の使い方について、各々が学びたいものです。

POINT
- 日々、幸せに暮らせるのも先人のおかげであるという、中国の教えに学ぶ。
- 人のため、社会のために、毎日お金が働いている状態にする。

「運」とは、人が運んでくるもの

中国の人たちは、「運」というものを強く信じています。それは、現代科学をもってしても、解明できない何かが存在すると理解しているからでしょうか。しかし実際のところ、運とは実力でもあるのだ、と僕は思っています。

「運とは、必ず人が運んでくるものだよ」とK氏はよく語ります。五十人の友人、あるいは仲間がいたら、きっと彼らが運を運んでくるから、仲間や友だちをできる限り大切にしなさいとアドバイスをしてくれるのです。

そして僕は、客家の「長老」のいう教えを守り、「運は自分で築いていくものだ」という信条を大切にしています。五十人の友人、あるいは仲間との出会いは、やはりそこになんらかの縁が存在してのことだと思っています。けれども、そこに心から信頼のおける人間関係をつくっていけるかどうかは、自分自身にかかっているのです。

僕にとっては五十人の友人、仲間は必要なく、一生つきあえる十人の親しい友人がいれば十分だと思っています。互いに心から信頼できる関係性がそこに存在していれば、その十人の友人が運を運んできてくれるものです。

彼らが、そのとき必要な人物を僕に紹介してくれたりすることで、確かな人脈が築かれていきます。「運は出会い」でもあるのでしょう。だから、パーティなど何かの集まりで、名刺さえ配れば人脈が築かれるわけでは決してないのです。

日々、自分の仕事をこなし、自分への投資の時間をやりくりして、勉強を続けている人間は、そう多くの人と、永遠に続くような友情を深めるときを頻繁にもてるわけではありません。

むしろ、名刺を配るようなことばかりに時間を費やしている人間は信用ならないともいえるのかもしれません。やるべき仕事をこなさず、「棚からボタ餅」的な発想で、人と接触しているといえなくもないというのは、少しばかりいいすぎかもしれません。しかし、相手の選択を一歩間違えば、リスクを負うことにもなりかねませんから、慎重にならざるを得ません。

ひと言でいうなら、人脈とは、まさに信頼関係以外の何ものでもないのです。信頼関係で結ばれた人となら、気持ちよく仕事を一緒にすることができるものです。逆にいえば、一度仕事をしてみれば、信頼に足る人物かどうかわかります。そこには大小にかかわらず、尊敬の念も含まれているのです。

そのような信頼できる関係――人脈がないと、仕事は成立しません。それはいわゆる、親友的な存在とは、また異なる次元の人間関係にあるようにも思えます。

そして、K氏は、「今後、どういうビジネスをやりたいと思っているのか？」と僕に訊ねてきます。もちろん、僕には現在やるべき仕事がいくつもあって、どういうビジネスを新たに展開しようかなどとは、あまり考えることがありません。そのことを、ありのままに彼にいうと、

「そうか。でも、もしもやるのだったら、どういうビジネスをしたらいいのか、きっと悩むだろうから、いまいっておくよ」といって、「世界中の誰もによろこばれるような、たくさんの人を幸せにするビジネス」そして、「高い利益率を生み出すビジネスをやりなさい」と教えてくれました。

それは、決して扱うお金の大きさではありません。たとえば、一枚十円のおせんべいでもいいわけです。とにかく、高い利益を生み出す仕事のほうがよいというのです。たとえば不動産は、確かに億のお金が動くかもしれないけれど、利益率はそれほど高くはないケースも多いのです。結果としては、事業規模を重視するのではなく、規模は小さ

くとも、利益率の高い仕事をするほうが、低いリスクで、確実に高い利益を上げることができるという発想なのです。

実際、客家の人たちは、餃子などの飲食店経営など、基本的にそういうところからはじめています。とはいえ、客家の人が表に出ることは、ほとんどないそうです。信頼のできる優秀な人間に事業を任せるという考え方が、客家にあるからなのでしょう。

客家人であるK氏は、台湾も活動拠点にしていて、台湾語もとても得意です。英語はもちろん、フランス語も堪能であり、実にタイミングよく、贈りものを贈ってくださるなど、一流の実業家としての資質を備えた人物です。

そのK氏がいうには、日本人は非常に優秀かつ勤勉であり、ウソをつくこともない。だから、信頼に足る人物になり得るとのこと。そういう意味では、もっと僕たち日本人は世界を相手にして自信をもっていいのでないかと思います。

ことに台湾の人たちは、日本人に親しみをもっています。そして、もともと海外の文化を採り入れるのが非常にうまく、フットワークも軽い――常に海外に視線を向けています。何より、自然体で生きているのが、台湾の人たちです。

「客家の哲学は、たとえ時代が変わっても、きっと役に立つだろう」――K氏がそういったとおり、現在の僕にとっても、思索にふけり、思考を積み重ねていくことによって、知識として確実に自分のものにしていきたい教えであると考えています。おそらく、そうやって身につけた知識が、自分自身の経験と重なり合い、その結果、生み出される発想も果てしない広がりをもつものなのでしょう。

しっかりと見ないから、聞かないから――何も見えず、何も聞こえない。そして、しっかりとつかまないから、何もつかめない。まさにそれらは実体のない、突き詰めることのできないものではあるのだけれど、混ざり合って一つになっている――その状態をそのまま理解することで、原始を意識できる。客家の教えとは、そんな「形なき形」の哲学でもあるように思えます。

重要なのは、みなさんがそれぞれに切磋琢磨し、形なき形の哲学を手がかりにして、具体化する「道」を探りあてることだと思います。

POINT

- 一生つきあえる「十人」の友人が運を運んでくれることを知る。
- 「客家の哲学」の普遍性に学び、「慎重に考えること」を継続する。

まずは中国語の「普通語」にチャレンジしてみる

村上春樹氏の小説を中国語で読む

中国人の友人と中国語で、密度の濃いコミュニケーションをとりたい。そんな思いからスタートさせた中国語の個人レッスン。週に一回、朝七時から八時まで、僕の頭のスイッチは日本語から中国語に切り替わります。

僕の友人の多くは上海や台湾に暮らしていて、当然のことながら、上海語や台湾語を日常的に使っています。とはいえ、中国語の初心者なら、やはり中国語の「普通語（ふつうわ、プートンホワ）」から入るのが基本——というわけで、僕はまず普通語を勉強しています。

この普通語とは、一九四九年に建国された中華人民共和国で制定された共通語のこと。

発音、語彙、文法の三点から規定されていて、まず発音については、北京語音を標準音としているのは、ご存知の方も多いでしょう。

ただし、北京語音を標準音としているとはいっても、代々、北京に生まれ育った人が使う「老北京」の発音とはかなり異なっていて、そういう意味では、普通語の発音は人工的につくられたものだといえるそうです。

また、語彙は、北京語より広範囲で使用されている北方語を標準としているそうです。北方語は主に長江以北、長江以南では鎮江から九江までの長江沿岸地域、四川、雲南、貴州の漢族地区、湖北省の大部分、広西壮族自治区の西北部、湖南省西北部と、非常に広い地域で使われているものです。ただし、地域的な特性の強い北方語は対象外となっているそうです。

そして文法は、典型的な現代白話文によって著された代表的な著作で使用されたものを標準とすることが決められています。ちなみに白話（はくわ、バイ・ホァ）とは、かんたんにいえば、口語に近い書き言葉のことです。

中国には、北方語を含め、大きく分けて「呉《ご》方言」「湘《しょう》方言」「贛《かん》方言」「客家《はっか》方言」「閩《びん》方言」「粤《えつ》方言」の七つの方言が存在しますが、そのなかでとりわけ注目されるのが、呉方言に含まれる上海語と、粤方言に含まれる広東語です。

上海語は、近年における上海のめざましい発展によって、一種のステータスのような意味合いをもつようになり、また、広東語のほうは、海外の中国社会において、在外華僑の多くが母国語として使用する重要な方言という位置づけにあるようです。だから、少しでも上海語や広東語を身につけておくことが、上海人や在外華僑とビジネスなどで交流をもつうえではプラス要因になるかもしれません。

普通語と上海語の大きな違いは、上海語には「そり舌音（ch、zh、sh、r）」がないこと。舌先を歯茎の出っぱりあたりにあてがうような感じで発音するのですが、これがなかなか思うようにはいかないものです。上海人も、普通語のそり舌音は苦手だとか。また普通語には四つの声調（四声）がありますが、上海語は五声で、その形態も、普通語の声調とはまったく異なっているようです。

そして広東語には、実に九つの声調があり、古中国の語彙が多く残っていて、文法的にも、普通語とは大きく異なる方言だといわれています。

いずれにしても、まずは普通語の文法や語彙を完全に身につけてから、地域的な語彙を習得していけば、方言も理解できるようになるようです。

中国語の習得でも、他言語と同様、「よく話す、よく聞く、よく観察する」のバランスが重要になります。自分で文法や語彙の学習をしっかりこなしながら、個人レッスンではとにかく発音を気にしないで、どんどん話すことを心がけています。

そして、教えてくださっている先生にどんどん指摘してもらい、文法的な間違いは、後日、メールなどでポイントを教えてもらうこともあります。個人レッスンと並行して、NHKの『テレビで中国語』も録画して、必ず見ていますが、とても勉強になります。

また、中国で出版された自分の本を読んだりもしていますが、これからチャレンジしたいのが、村上春樹氏の小説の中国語版を読むこと。林少華氏が翻訳を手がけた『ノルウェイの森』『海辺のカフカ』などを読んでみたいと思います。

ほかに中国語の教材としては、相原茂氏の『必ず話せる中国語入門』(主婦の友社)がおすすめです。基礎文法の章では「ピンイン」(中国語の音をローマ字で表記したもの)のみの表記になっているので、カタカナにむやみに頼ることなく、基礎を身につけられます。中国で「国際中国語教材賞」を受賞した本です。

継続していれば、発音も、基本フレーズの使い方も、いつかきっと上手になる——そう信じて、集中して学びたいものです。

POINT

- 中国語を身につけるには、まずは「普通語」の文法や語彙の学習に力を入れる。
- 中国語の「由来」を理解し、自分に合ったスタイルで学ぶ。

EPILOGUE

世界でリーダーシップを発揮できる人間になるために

チャンスをつかむか否かは、一瞬で決まる

いつの時代においても、集団を統率するだけの知性や情熱、また危険をかえりみることなく、自信をもって責任ある行動をとる勇気を兼ね備えた人物は、周囲からの尊敬を集め、さまざまな紛争や問題の解決に向けて、すぐれたリーダーシップを発揮してきました。

もちろん、そこには不確かな事態に対処するだけの洞察力と、未来を予測する論理的な洞察に基づいて行動する決断力が不可欠だったのは、いうまでもありません。

そして現代。リーダーシップは、地位に限定されることなく、社会や組織を構成する人間の誰しもが、自分がやるしかないと考えたときに自ら周囲に働きかけ、人を動かし

ていくために求められるスキルであり、目的達成のための手段として位置づけられるのではないでしょうか。

そして、これからの時代は、そのようなリーダーシップがますます求められるようになっていくのではないかと思います。たとえば、何かビジネスの目的を達成するために、自らが率先してチームづくりをしていくような場面などでは、リーダーシップが不可欠になるというように。

その際には、自分がチームを構成する人たちに、いったい何を与えられるか。そんなところから考えてみる必要があると思います。

現代のグローバル時代にあって、メンバーは、それこそ日本人に限らず、多国籍の人たちからなる混成チームであってもよい。そのような選択肢を自分でもてるというのは、とてもたのしく、ゆたかなビジネス感覚だと僕は思うのです。

けれども彼らにチームの一員として参画してもらうには、まず方向性を共有するためのプランを提示して、明確なビジョンと目標設定の共有化などに努める必要があります。そのときに、メンバーの心の琴線にふれるものが何かをしっかりつかんでおかないと、なかなかリーダーシップを発揮できません。

そのためには想像力を働かせたり、立場を慮《おもんばか》ったりして、相手をよく知ることが大切になるわけですが、何か課題を与えてその反応をうかがったり、ある結果から推測したりするのではなく、まずは自分の心を開いて、自分のほうから何かを相手に与えていく姿勢が重要だと僕は考えています。

そして、心を開くには、相手が、何をどのように重んじ、何に惹かれて何を望んでいるのか、自分によろこびやゆたかさをもたらすものを、どうとらえているのかを理解しておくことが求められるでしょう。

一般に、三十代後半から四十代前半にかけては、学ぶことの多い時期であり、与えられた仕事の範囲内で成果を上げていくことで精一杯なことが多いものです。それだけに自分がリーダーシップを発揮するチャンスにも恵まれるのではないでしょうか。

そしてそのチャンスは、非常に重要だと思います。というのも、そこには進んでリスクをとる勇気、覚悟が必要だからです。リーダーシップを発揮することには責任が伴います。その責任を自分自身でしっかり受け止める意識が、次の段階へと上っていけるかどうかを決める分岐点になるわけです。

チャンスをつかむかどうかは、本当に一瞬で決まります。自分にもたらされたときに、躊躇してもたもたしていると、あっというまに千載一遇のチャンスも逸してしまうため、すばやい状況判断と即断即決の能力が問われると思います。

POINT

- グローバル時代においては、多国籍の人と働く機会が増える。そのためにはリーダーシップが不可欠である。
- リーダーシップを発揮するために、頭ではなく心を使って想像力を働かせ、自ら相手に感動を与えていくことを心がける。

アイディアや知識の集積が、「即答力」を生む

二十年以上も前のエピソードですが、アメリカで、ユダヤ系アメリカ人の実業家からさまざまな支援を受けたことに、現在の自分のベースがあることは、すでに述べたとおりです。そこには、みんなが助け合い、やる気のある人間にはあたたかい手を差しのべる、アメリカの、開拓精神に象徴される移民文化があったわけですが、誰も彼もが他人を支援できるのではなく、やはりそれはすでに成功をおさめた人たちに限られます。

というのも、彼らもまた苦労して下積みを重ねてきたからです。そのなかで手を差しのべてもらった経験が、同じようにやる気のある人間を支援することにつながっていて、そうやって、自分がかつて与えられたものを社会へと還元しているともいえるでしょう。

しかしそこにも責任が発生します。他者に手を貸すという行為には、それだけの責任を自らが負う覚悟が必要になるのです。いわば、支援する側に立つ彼らにも、非常に意味のあるチャレンジの一つになっているわけです。つまり彼らは、人が互いに成長し合う法則をよく理解しているのです。

最近、古くからのアメリカ人の友人と、昔話をしていたときのことです。さまざまな話をするなかで、ふと彼が、

「きみはアメリカでいろんな経験をして、多くを学んだわけだけど、きみにとって、アメリカでやっていくための成功哲学はなんだと思う?」

と僕に訊ねたのです。それで僕は「即答力だと思う」と応えました。

つまり、誰かから、「もしもあなたがこういうことに興味をもっているのなら、どうだろう、やってみないか――」といわれたときに、常に僕は、「イエス」か「ノー」か、はっきり返答してきました。おそらくほかの誰よりも先に返事をして、手をあげて、チャンスをつかんできたと思うのです。

それはいまも昔も変わらず、アメリカ社会で認められることの条件の一つでもあり、その即答する力が、実は試されていたりもします。つまり即答するためには、それだけのアイディアと知識の蓄積が、自分のなかに常にあることが必要になってくるわけです。何もないところに即答はできないし、そこで受けて立てば、それは必要のない大きなリスクになって自分にはねかえってきます。

即答するには、その裏づけとなる根拠や理解が必要であり、それはその場しのぎのも

のではなく、日々のコツコツとした努力のなかで培われるものです。常にさまざまな角度からものごとを考えて、想像力を働かせる訓練をしておかないと、「これについてどう思うか」「こういうことがあるのだけれど、やってみないか」といわれたときに、自分の頭のなかで瞬時に、さまざまなアイディアを組み立てて、即答することはできません。

日々の学びの場で、さまざまなアイディアに思いめぐらせ、いくつかのプランニングのイメージを、ある程度まで固めておくようなことも自然にこなしている状態に自分を保っておくことが重要になるのです。

「アメリカでやっていくための成功哲学はなんだと思う?」と僕に訊ねたアメリカ人の友人は、即答力という僕の回答を聞くと「まったく、そのとおりだよ」と相槌を打ちました。

これはアメリカに限らず、フランスでも中国でも、多くの人たちが実践していることです。ビジネスシーンに限らず、いつも誰もがいろんなアイディアを考えていて、「こんな方法もあるのでは」「こうしたら、きっとたのしくなるのでは」と四六時中、議論を戦わせている。そんな光景が、これからは日本でも、きっとごく自然に見られるようになっていくのでしょう。

いまから、目の前で起こっていることに、いつも最善の対処ができるよう、心の準備をしておく。常に集中力を高めておくことが必要だと思います。そのことが、グローバル社会において、めぐってきたチャンスをつかむ即答力に、確実につながっていくのではないでしょうか。

POINT

- 「即答力」を体得するために日々よく考え、想像力を働かせる訓練を実行する。
- 「即答力」がチャンスをつかむ第一歩である。

環境からのプレッシャーを乗り越えるのも即答力の一つ

スペードのエースを引くために必要なこと

約九年前、『暮しの手帖』の編集長の依頼を受けたとき、実は最初に、僕は「ノー」という即答をしました。というのは、まったく予測していない仕事の依頼だったからです。やり遂げる自信もありませんでした。その当時、自分自身がいま以上に未熟だったこともありますが、自分が評価され、安全なフィールドだと思える環境のなかで働き、生きてきたのも理由です。そこから抜け出て、新しい世界へ一歩、足を踏み出す勇気がなかったのでした。

けれども、『暮しの手帖』の当時の社主である故大橋鎭子さんと、当時の社長である横山泰子さんから「あなたがふさわしいと、直観的に思ったの」といわれ、その熱意に、しだいに心を動かされていきました。それに、オファーを受けようという決意を促したのは、客観的に自分を見たときに、それこそ「井の中の蛙」のように、自分が守られている状態のなかから出たくないという気持ちが強いことに気づかされたからです。

重責を引き受けることで、一から人間関係をつくっていって、しかも求められている結果を出さなければならないことに対するプレッシャーを、無意識のうちに感じていたと思います。

まったく知らない世界ではないにせよ、一定の距離をもって、この業界に携わってきた人間には、日本を代表する老舗雑誌の編集長というポジションは、非常に重く感じられました。だからといって、これまでの自分にとって居心地のいい、狭い世界から抜け出る——新しい旅に出る——決意をしなければ、ふたたび同じようなチャンスがあったとしても、きっと弱腰になって断ることになるのだろうと思ったのです。

それから、地図すらもたずに見知らぬ場所を旅するように、ひたすら人を幸せにするための何かを探して歩み続ける自分がいます。

しかし、実は依頼を受ける約三年前に、自分が三年後には新しい冒険の旅に出ているかもしれない――というような間接的な意思表示を、自分の本のなかで記していたのです。

出版という世界に限らず、ビジネスを通じて出会う人たちの多くが、さまざまな思惑のもとに動いていて、自分の手の内に、実にさまざまな情報というカードを隠しもっています。そしてときには、トランプでいえば、ジョーカーを相手に引かせようと知謀をめぐらし、策略にかけようと水面下で攻防戦を繰り広げるようなことも、決してあり得ない話ではないのです。そして、これはもちろん、日本に限らず、世界に共通することでしょう。

だから、トランプのジョーカーではなく、スペードのエースを引くために、あらかじめ自分の意思表示をはっきりしておくことが大事なのだとも考えています。間違った情報を提供したり、されたりすることを正す意味でも、しっかり自己主張をする姿勢が重要なのです。

このことは、ある意味で、自分の手持ちのカードを限定する――いくつかのチャンスを捨てる――ことになりますが、逆に、確実にチャンスを手中にすることになるのではないかとも思うのです。いずれにしても、他者に対して責任ある立場を貫くために必要な手段なのではないでしょうか。

また、高度なコミュニケーション能力を駆使して、本当に強い組織を適切に統率するようなリーダーシップを発揮していけたらと考えていますが、それは僕に限らず、おそらくこれからの日本人の多くに求められている課題なのでしょう。そのためには、やはり、常に世界という全体の視点から、イノベーションのチャンスを自ら生み出していくべきだといえるのかもしれません。

POINT

- 自分の殻を破ってチャレンジするには「意思表示」と「自己主張」が必要。
- 自分の意思表示を明確にし、自己主張する姿勢が〝グローバルに働く〟秘訣。

即答することで、自分の意識が変わる

日本では、これからもっと自己主張する力が必要になり、その主張には、表現力が求められると思います。それはすぐれた言語能力はもちろん、ものごとを華やかに演出する、あるいは盛り上げる才能に通じるものだと僕は考えています。

そもそも、この表現力とは、文章においてもそうであるように、何かを表面的に模倣しようとしても得られるものではなく、ある程度の才能が必要ですが、生き方そのものから滲み出るところもあるように僕は思っているのです。たとえば、どんな苦境に立たされても、人生に情熱を抱き続け、誠実に歩を進めてきた人は、概して表現ゆたかであるような気がします。

そして、この情熱と誠実さとが、仕事をはじめとする、あらゆるものごとのエンジン、最後の一押し、決め手となるのではないでしょうか。

僕はどちらかといえば、表現が少しオーバーであると、周囲の友人たちからいわれることもよくあります。そういわれてみれば、確かに自分の信念を主張するとき、僕はど

こか大げさな表現になるようです。ときにそれは、大言壮語と思われることもなきにしもあらずですが、その場を盛り上げる機能となって、いあわせた聞き手をたのしませ、感動を共有することにもつながっているように思うのです。

また、いったん心惹かれた事柄に対しては徹底してのめりこみ、吸収し尽くすようなところもあるようです。しかし、ものごとを見たり聞いたりして吸収し、自分のものにしようとする力が、実は表現力に少なからぬ影響をもたらしているのです。それはどこか、恋愛にも通じるものがあるのかもしれません。

フランス語には、「頭のなかにクモの巣が張っている――」という表現があるようです。それが長年、連れ添ったカップルの口からこぼれると、「狂うくらいに愛している」という意味合いがこめられます。いかにも、フランスならではの情熱的な表現ではないでしょうか。

情熱と誠実さとが、さらりとこもった表現力。そこには、交渉力も必要となってきます。

交渉力は、外部だけではなく、内部の折衝や調整、協力要請、チーム内のコミュニケーションなどに欠かせないスキルであり、みんなをハッピーな状態に定着させることが重視されます。そのためには、好感のもてる、こまやかな気配りが必要であり、相手に合わせて会話を運ぶセンスにすぐれていることや、その場で明晰な判断を下す力などが求められるでしょう。

すでに時代は変わっていて、これまで当然の前提としてあった安全網が、もうそろそろ外されようとしていることは確かです。だから、むしろ自分から切り離すくらいの覚悟をもって、仕事でも、どんな局面にも臨むのが賢明かもしれません。発想の転換が必要でしょう。

華やかな表舞台で活躍しているような人たちも、その裏側では日々、チームをまとめるような感覚で、自分の内面の、迷いや葛藤を鋭く察し、自問自答するなかで、方針を一本化している。つまり〝即答〟しているわけです。

自分自身にとって、果たして成功のチャンスがあるかと考えるかどうか、そして熟考後、モチベーションに火がつくかどうかに、すべてがかかっているのです。そこに、現在いる位置から自分自身の底をさらに引き上げることができるか否かの分かれ目が生じます。また、そのような意識をもつことによって、可能性の広がりも出てくるのでしょう。

「即答する」準備のための場は、日常のありとあらゆる場所にあるという気づきが大事だと思います。通勤途中の電車のなかにも、生きた情報がいくらでもあって、そこから得られる自分の実感こそが信頼すべきものです。

本を読んだり、スマートフォンを操作したりするのが決してよくないというのではないのですが、さまざまな市場の新しい傾向を観察する絶好のチャンスととらえないと、もったいないなと僕は常々思っています。

確かに満員電車は不快な空間かもしれませんが、それを遮断するのではなくて、「いま、この人たちは何を考えているのだろうか」「いま、ここで何を提案したら、この人たちはこちらを振り向くだろうか」などと想像力を働かせてみる。さまざまな世界に生きている人たちが大勢集まっている空間に自分がいる——そう考えてみると、あれほど想像力をかきたてられるチャンスはない。それはイメージトレーニングの一つにすぎないかもしれませんが、仕事の場に生かせる何かがきっと、見つかるものです。

そういうふうに、ことさら時間を割いてチャンスをつくるまでもなく、自分の生活のなかには、学ぶ場所がたくさんあるのです。そしてそれは、即答するための準備にもっながっているように思います。

POINT

● 情熱と誠実さが、仕事をはじめとするあらゆるものごとの〝決め手〟である。

かつて成果を上げたやり方にこだわらない

僕が三十代を中心としたプロジェクトチームを編成するとき、男性と女性がほぼ同数いる場合でも、無意識に女性を多く選出し、結果的にチームにおける女性の比率が高くなることがよくあります。

僕自身はとくに男性と女性の別にこだわっているわけではないのですが、元気があり、危機意識が強い優秀な人を選んでいくと、そういう結果になるのです。女性のほうが、想像力を働かせることができ、最悪のパターンと最高のパターンとを想定してプロジェクトに臨む危機管理能力が高いのかもしれません。

それに、何か質問をしても、即答するのは女性であり、男性はすぐに応えようとはせず、周囲の人間の意見が出尽くしたころに、ちょっとわかったようなことをいうにとどまる傾向があります。即答するからといって、その応えが正しいとは限らないのですが、自分なりにすぐに応えようという女性の姿勢を僕は高く評価します。

アメリカで暮らしていたころ、最初は自己主張がうまくできませんでした。けれども、あるとき「即答しないと、箱のなかに入ったドーナツの分け前を得ることはできない」

ことに気づいたのです。それ以来、周囲の反応を気にすることなく「イエス」か「ノー」かの即答という意思表示がすんなりとできるようになりました。

既存の基準、枠にとらわれやすいのは、むしろ男性のほうなのかもしれません。一概にいえることではないとは思いますが、仕事でも、人生そのものでも、自由に発想することをたのしんでいるのは、女性のほうなのではないかと感じています。

とくに三十代の女性のあいだでは、結婚してからも、当然、仕事を続けていくという意識がごくふつうになっていて、女性が一家の稼ぎ手となって、家を取り仕切るなど、パートナーとの役割を交代する道を選ぶ女性も増えているようです。

さまざまな文化背景をもった人たちとの交流が進み、それこそ欧米社会のように、グローバルな考え方が浸透していくなかで、男性、女性の境界はもはや存在しない。そう考えても決して間違いではないように思います。

また、一つ励みになるのは、仕事で成果を上げている人は、概ね、中途採用の人たちだということ。これまで転職を幾度か繰り返し、さまざまな世界を知っている。常に次の段階へと進むことを視野に入れて生きてきたともいえ、困難にも柔軟に対処する術をもち合わせ、的確な状況判断力で、高い実務能力を発揮するマルチプレイヤーであることが多いように思います。

刻々と移り変わる状況の変化に応じて、方向を変えることも悪くない——そんな前向きな思考を、彼らはもたらしてくれるのです。

これまでに成果を上げたやり方にこだわることなく、広い視野から、ものごとや対人関係にも取り組み、一人ひとりが、常に即答できる力をつけていくことが、実のある結果を生じることにつながっていくと思います。この「即答力」は、日本だけではなく、とくに海外で通用する能力であり、さまざまな可能性を生み出し、潜在的な能力を引き出す力だと僕は考えています。

さあ、これからは世界中の人たちと一緒に、社会のために仕事をし、ゆたかな生活を築いていこうではありませんか。「日本」だけという意識を捨て、自信をもって、「世界」というフィールドでプレイヤーとして活躍する自分を磨いていきましょう。

POINT

●グローバル時代、男女・年齢・社歴の境界は取り払われ、日々変化する状況に適応していくことが重要である。

- 成功体験にとらわれず、柔軟な姿勢で「即答」し続けることが、真のグローバル人の必要条件である。

世界《せかい》を「仕事場《しごとば》」にするための40の基本《きほん》　朝日文庫

2015年6月30日　第1刷発行

著　者　松浦弥太郎《まつうらやたろう》

発行者　首藤由之

発行所　朝日新聞出版

〒104-8011　東京都中央区築地5-3-2

電話　03-5541-8832（編集）

03-5540-7793（販売）

印刷製本　大日本印刷株式会社

Published in Japan by Asahi Shimbun Publications Inc.

定価はカバーに表示してあります

ISBN978-4-02-261830-6

落丁・乱丁の場合は弊社業務部（電話03-5540-7800）へご連絡ください。
送料弊社負担にてお取り替えいたします。